MÈRE TERESA
L'INDIENNE

DU MÊME AUTEUR

Le Chant délivré, Fayard, 1988

Le Bal des exclus, en collaboration avec l'Abbé Pierre, Fayard, 1996

Pour un monde de justice et de paix, entretiens avec l'Abbé Pierre et le père Pedro, Presses de la Renaissance, 2004

À Mère Marie-Thérèse Outtier

« Le Dieu du musulman est-il autre que le Dieu de l'hindou ou du chrétien ? Les religions sont comme des routes différentes convergeant vers un même point. Qu'importe que nous empruntions des itinéraires différents, pourvu que nous arrivions au même but. Quelle raison aurions-nous donc de nous quereller ? La prière est l'essence même de la religion, elle doit donc être la moelle de la vie de l'homme car nul ne peut vivre sans religion. »

Gandhi, *Lettres à l'ashram*

Préface

« J'ai rencontré Mère Teresa à Calcutta dans les années 50, au tout début de sa mission. Je suis allé à Kalighat, j'ai d'ailleurs pris des photos. C'était une ancienne hôtellerie qu'elle avait transformée en mouroir. Quand je suis arrivé, il y avait quatre cadavres devant la porte ! J'ai vu un homme mourir tandis que je parlais avec les sœurs. Puis Mère Teresa est venue avec un enfant lépreux dans les bras. L'enfant me regardait et j'ai compris que Mère Teresa avait cassé le mythe du lépreux excommunié. Avec elle, le mal n'était plus contagieux. À ce moment-là, elles n'étaient qu'une vingtaine de sœurs ! Je ne l'ai jamais revue. J'ai été saisi par sa fragilité qui laissait toute sa place à la puissance de Dieu. »

Ainsi ai-je témoigné de mon unique mais intense rencontre avec Mère Teresa dans *Pour un monde de justice et de paix*[1], livre d'entretiens avec le père Pedro réalisé par Anne et Daniel Facérias.

---

1. Éd. des Presses de la Renaissance, Paris, 2004.

Mère Teresa a connu l'éblouissement de l'Être, celui du Buisson ardent que j'ai connu moi-même à l'âge de 17 ans. De fait, comme moi, c'est dans la grâce de l'adoration qu'elle a puisé l'énergie nécessaire à vivre l'invivable avec les lépreux, à agir. La contemplation n'est-elle pas la source la plus extraordinaire de l'action ?

En s'occupant des intouchables, elle a rompu symboliquement le karma... Dieu ne veut pas la souffrance, il veut l'amour. Et si l'intouchable est intouchable, il n'en est pas moins un enfant de Dieu... Mère Teresa, par sa connaissance de l'hindouisme, a su manifester le Dieu Amour dans un monde de castes et d'exclusion. Elle a brisé le cycle du mal. C'est cette dimension du Dieu Amour qu'elle incarnait par son action.

Elle a aidé les plus pauvres en les accompagnant dans ce qu'ils étaient : le musulman dans son agonie en l'aidant à être un meilleur musulman, l'hindou, en l'aidant à être un meilleur hindou... Et cela, au cours même des affrontements liés à l'indépendance de l'Inde et à la scission du Pakistan et du Bangladesh !

La connaissance de la Sagesse hindoue lui a permis d'être reconnue par l'Inde. Il y a dans le livre un dialogue avec un moine hindou qui témoigne de son entière connaissance de cette voie.

Elle est devenue Mère de l'Inde parce qu'elle a vécu de l'intérieur la présence divine qui résonnait dans le cœur de ceux mêmes qui ne la connaissaient pas. « Dieu est dans le pauvre, remercie-le. »

Pourtant ce livre dévoile qu'après son appel de 1946 jusqu'à sa mort, elle ne ressentait rien de sensible quant à sa foi. Elle vivait, comme Jean de la Croix, une nuit obscure de la foi.

En lisant ces pages, j'ai appris que l'hôtellerie que j'avais visitée était liée à un temple de Kali, la déesse de la mort. Les mourants y venaient agoniser par centaines tout autour. Un jour, des hindous voulurent la lapider parce qu'elle s'occupait d'un lépreux hindou, mais le brahmane du temple les en empêcha, car il avait perçu le haut respect qu'elle avait de l'être. Il aurait dit : « Elle ne cherche pas à convertir, elle ne cherche qu'à aimer ! » Cette phrase est extraordinaire dans la bouche d'un prêtre hindou !

Ce livre nous éclaire sur l'une des étapes essentielles du magnifique parcours de Mère Teresa.

La merveilleuse rencontre que Daniel a faite avec elle et qu'il retrace ici pour nous a véritablement changé sa vie. Il est probable que nous tous qui le lisons ou qui le lirons, nous ne sortirons pas indemnes de la lecture d'une telle aventure.

Que dire devant une telle puissance du don de soi ?

Mes 93 ans me pèsent de plus en plus et il me tarde de rejoindre Mère Teresa, dans la rencontre de l'Ami que j'espère depuis tellement longtemps.

Je recommande à tous de lire ce livre qui m'a beaucoup appris sur l'expérience de cette femme extraordinaire.

Abbé Pierre.

Avertissement

Ce livre sur l'être de Mère Teresa est écrit comme on peindrait une icône, à partir de certains événements et moments clés de sa vie. Essentiellement autour des années 1946 à 1950, cinq années décisives qui ont vu la naissance de sa vocation à servir les plus pauvres et la fondation de l'ordre des Missionnaires de la Charité, à Calcutta. Il ne s'agit ni d'une biographie ni d'une hagiographie, mais plutôt du récit d'une aventure spirituelle, d'une lecture poétique de sa vie.

La dimension universelle de son être s'est révélée à cette période, qui correspond à son identification avec le peuple indien que l'Occident ne perçoit pas. La notion de *Mère* a en Inde une portée métaphysique et sociale. La Mère engendre les êtres à la vie divine par l'amour qu'elle dispense et par sa propre sainteté. Cette notion est au-delà de toute forme religieuse. Elle se rapporte à la Shakti en tant que reflet de la Toute-Puissance divine matrice des formes. La charité de Mère Teresa, bien que chrétienne, l'a placée au-dessus des différences religieuses, l'ouvrant à un dialogue inouï, et par là même elle a prolongé d'une certaine manière la présence pacificatrice et réconciliatrice de Gandhi.

Le « J'ai soif » du Christ sur la Croix, que Mère Teresa traduit en anglais par « I thirst, I am thirsty », devient à la fois une invocation et le mot d'ordre de son engagement. Elle part étancher la soif de son Dieu en aidant les plus pauvres des pauvres.

Cette période recouvre aussi les moments poignants de l'Indépendance[1], les dernières années de Gandhi, le déchirement religieux entre les musulmans et les hindous[2]. Mère Teresa a vécu en profondeur les convulsions de l'âme indienne, ses violences, ses peines et ses joies. L'assassinat du Mahatma Gandhi ouvre

---

1. **1947 :** ***3 juin*** : Annonce du plan de Lord Mountbatten pour la partition des Indes.

15 août: *Indian Independence Bill*: Partition des Indes et indépendance. Jawaharlal Nehru, originaire du Cachemire, est le premier Premier ministre de l'Inde indépendante.

22 août: Des tribus pathanes, venues du Pakistan, pénètrent au Cachemire.

26 octobre: Le raja du Cachemire accepte une adhésion conditionnelle de son territoire à l'Inde.

1948 : ***30 janvier***: Gandhi est assassiné par un extrémiste hindou.

1949 : ***1er janvier***: Cessez-le-feu au Cachemire.

1950 : ***26 janvier***: La Constitution de l'Union indienne entre en vigueur.

2. Le 15 août 1947, l'Inde est devenue un *dominion* dans le Commonwealth, sous la direction du Premier ministre Jawaharlal Nehru. Des désaccords violents entre hindous et musulmans entraînent les Britanniques à diviser l'Inde, créant le Pakistan oriental – futur Bangladesh –, et le Pakistan occidental, là où se trouvaient des majorités musulmanes. L'Inde devient une république laïque, membre du Commonwealth, après la promulgation de sa constitution le 26 janvier 1950.

paradoxalement son chemin, car c'est à partir de ce moment-là que son œuvre va croître. Tout lien spirituel est un lien social, et la figure emblématique de Teresa n'est pas que la redondance de sa médiatisation. Elle EST réellement ce qu'elle représente. Non une image de magazine, mais la Mère qui a accompagné l'Inde et, comme le disent certains, le monde pendant toute la fin du XXe siècle.

Si nous connaissons les rencontres que Mère Teresa a pu avoir avec telle ou telle personnalité, nous n'en savons que très peu sur le contenu de ces échanges spirituels. Il ressort toutefois de ses textes et des témoignages, pour la plupart inédits, dont je me suis inspiré [1], une étonnante connaissance de l'Inde et de son intériorité. Sans trahir le fond de sa spiritualité, je me suis appliqué à imaginer l'un ou l'autre dialogue, avec en toile de fond sa quête personnelle. De 1947 à sa mort, elle avait perdu la foi… Ou plutôt celle-ci avait pris une forme bien différente, proche de l'ascèse orientale.

Mère Teresa n'appartient pas qu'aux chrétiens et ne doit pas être réduite à une image pieuse. Au-delà des apparences, ce récit tente de montrer qu'elle rejoint les grands maîtres spirituels d'Orient et d'Occident, de François d'Assise à Ramana Maharshi, en passant par Jean de

1. *Mother Teresa – Documentary biography, part I and II*, Mother Teresa Institute, Rome, 2002 (document inédit, synthèse du dossier en béatification de Mère Teresa) ; et Khushwant Singh, *Gurus, Godmen and Good People*, Orient Longman, Bombay, 1975.

la Croix ou Gandhi. Ou encore Sarada Devi, épouse de Ramakrishna, qu'elle respectait.

L'icône est agissante aussi par celui qui la contemple. Elle devient résonance comme ce récit, au-delà de tout raisonnement…

1

Calcutta, le 5 septembre 1997

La chambre est dans la pénombre. Les rumeurs de l'Acharya Chandra Bose Road sont un bruissement apaisant, un chuchotement, comme le clapotis d'une vague qui vient mourir sur le bord de mer.

Le bord de l'être de Teresa.

Son corps ne retient plus le souffle. Elle sait que seul demeure ce qui est, et que plus rien ne restera. Elle ne peut plus respirer. Comme si la nuit prenait sur elle, comme si la nuit l'éteignait. Elle ne pense plus. Elle guette.

Seule l'aurore l'intéresse. Existe-t-il une aurore ?

La soif lui brûle la langue, lui brûle l'intérieur, une douleur qu'elle n'a plus la force de combattre. À quoi bon déranger une petite sœur pour humecter ses lèvres ? Le picotement de la soif n'est pas si désagréable. Il maintient en éveil.

Teresa fait le tour d'elle-même, comme lorsqu'elle

visite une maison qu'elle ne connaît pas. Qui est-elle aujourd'hui ? Qu'a-t-elle été de tangible ?

Elle ne mesure plus que la distance qui la sépare de son Dieu. Elle est si grande, un abîme. Depuis les années de lumière au moment de l'Indépendance de l'Inde, depuis les débuts de son travail, elle ne ressent plus rien. Elle n'a plus la foi...

Qu'est-ce que la foi ? Un lien ? Quel lien ?

Le nom même de Celui pour qui elle a donné sa vie sonne faux à son oreille. Non pas la fausseté du doute ou de la négation, mais la fausseté attachée au manque de résonance. C'est comme si Dieu l'ignorait.

Elle se demande comment toutes ces choses faites par ses sœurs ont bien pu sortir de son offrande, alors que sa foi muette lui terrassait l'esprit, lui paralysait le cœur. La nuit de l'incroyance ou plutôt de l'inconnaissance ?

Où est-il cet Époux désiré, toujours cherché ? Que fait-il si loin, si absent d'elle-même ? Est-il ou n'est-il pas ?

Une étrange solitude.

Un exil qui toutefois lui a donné la liberté d'être intégralement à Lui, d'être tout simplement, sans jamais s'encombrer de précautions ou de réserves, de tout accepter d'un bloc. L'exil ne laisse pas le choix. L'exil oblige à se lever vers soi-même.

Elle ne bouge plus dans son lit. Elle ne veut plus perdre le peu de souffle qui perdure. Son être est blotti au plus profond d'elle-même, comme le petit enfant qu'elle fut qui se cachait quelquefois dans un placard pour inquiéter son père qui la cherchait.

Elle se replie et déploie son plus beau sourire intérieur.

Ce matin, elle s'était dissimulée au milieu des novices, toute petite, en secret. Elle ne les connaissait pas toutes, comme autrefois, quand elle savait leurs noms, leurs dates de naissance, leur origine. Mais tout à l'heure, au cœur du noviciat, elle avait l'impression de les connaître davantage. Elle riait. Les novices n'osaient pas la regarder. Elle riait.

Une palmeraie au mitan de la sécheresse.

L'exil dans le désert de l'être, la permanence de la déréliction, la froidure. Les moines de Scété ou de Nitrie éprouvaient ce désert, l'âpre de l'espace vide chargé d'une présence incandescente qui incendiait leurs sens. Evagre, Macaire, Pambô, Mélanie l'ancienne…

Le désert de Teresa fait de rues, de bustee[1], de rencontres, de morts, de renom, de récompenses, d'argent et de batailles, ruisselle du même manque, de la même aspérité.

Comme eux, elle s'est tenue dans la garde du cœur, comme eux, elle s'est accroupie à l'ombre de la lumière, pour ne pas être vue, pour irradier du peu qu'elle recueillait.

Le désert intérieur toujours recommencé, à chaque jour nouveau, à chaque battement de paupière, à chaque respiration.

Rien à quoi accrocher son regard, tant l'horizon fuit, rien pour étancher la soif, pour chasser les mirages. Rien, sinon le « blottissement ».

1. Bidonville.

Et Dieu, s'il est le Sens, s'est enfoui dans les sables, derrière l'erg, sur le dos d'une dune, dans un cratère de cailloux affilés. La texture des sables du désert de Teresa est faite de regards abîmés, de paroles perdues, d'amours déchiquetés.

Des sables mouvants.

Elle y contemple sans voir, sans percevoir, sans distinguer, sans croire.

Sans croire.

Croire à quoi ? Croire en qui ?

Dieu n'est qu'un concept, une forme, une convention de langage. Certes, elle a vécu cette proximité intérieure qui la remplit d'amour, qui lui donna le goût de l'encens, de la myrrhe. Certes, elle a pu goûter l'instant de l'Infini, le vertige de l'Être qui s'empare de l'être.

Depuis plus de quarante ans, il n'y a plus rien de tangible. Seule une volonté de prolonger la mémoire de la grâce, pour que l'absurde ne la dévore pas à jamais.

Il n'y a qu'à se recroqueviller comme un petit enfant, attendre que quelqu'un allume la lumière.

Teresa ne bouge pas.

La mort ? Pourquoi pas ! Mais l'odeur de la maison, le bruissement des saris qui passent dans le couloir dit que ce n'est pas la mort.

L'attente de la mort ? Mais la mort n'existe pas, lorsque l'on est réfugié au fond de soi.

Le corps ? Elle n'est pas le corps, elle n'est pas la photo qui trône à l'entrée. Elle n'est pas le film qui la montre s'en allant. Elle n'est pas ce que les autres voient. Elle est seule, enfouie tout au fond d'un trou noir.

Faut-il avoir peur ? Faut-il appeler à l'aide ? Non ! Car si le souffle s'épuise, elle sera toujours là, et elle n'aura plus mal. La peur n'existe pas quand on ne bouge plus.

Tout à l'heure une sœur lui a mis un masque à oxygène sur le visage. Cela ne servait à rien car elle respire autrement maintenant. Ce n'est plus d'air qu'elle a besoin mais de légèreté, d'apesanteur.

Teresa se sourit. Quel être suis-je donc ? Ce que je suis n'est rien pense-t-elle, tout au plus un sourire. Elle n'a cherché qu'à prolonger la joie d'être de Dieu. Le sourire. Pas le sourire des photographies.

Le sourire du cœur. Le sourire du cœur parfois mêlé de larmes.

Teresa se souvient qu'il lui a fallu quarante ans pour le comprendre et quarante ans pour le vivre. Elle se sourit de cela.

Il y a eu des beaux jours dans ces deux traversées. Elle les a recueillis dans le creux de sa main, comme dans le désert on cueille l'eau de la nuit, la rosée, celle qui désaltère jusqu'au prochain puits.

Elle se sourit en se souvenant. Mieux vaudrait ne plus avoir de souvenirs. L'histoire n'a aucune importance.

À trop vouloir se souvenir, on se perd !

Teresa préfère les parfums, les couleurs des instants qui pêle-mêle ont dessiné sa vie.

La mémoire est une mosaïque, une tapisserie tissée hors du temps, dans un désordre apparent qui est l'ordre de l'être dans tous ses éclats. Et Teresa, les yeux grands ouverts, connaissant l'endroit en découvre l'envers.

Elle reconnaît en passant quelques éclaboussures, quelques moments bouleversants… l'appel dans le train vers Darjeeling, loin d'Entally…

Le frémissement….

Teresa se souvient de ce frémissement quand jeune fille, en Albanie, elle s'appelait encore Gonxha.

Drana, sa mère, lui avait pris le visage entre les mains, comme un fruit mûr. Son souffle profond la parfumait subtilement, elles n'avaient jamais été si proches :

– Gonxhagjyli, mets ta main dans Sa main, marche seule avec Lui et ne regarde jamais plus derrière toi. Marche droit devant, car si tu te retournes, tu reviendras et tu tomberas.

2

Albanie, Skopje, le 19 octobre 1928

Gonxha prépare ses affaires en silence. Sa mère s'est enfermée dans sa chambre. Elle sait qu'elle ne reviendra jamais plus dans cette maison. Qu'elle ne reverra jamais plus le visage de Drana.

Elle s'assoit sur le rebord du lit. Elle saisit la photographie qui décore la table de nuit. Une photographie banale. Drana et Kol, ses parents, marchant dans l'avenue principale de Skopje, amoureux et heureux.

Elle sourit à l'idée que son être un beau jour allait arrondir le petit ventre plat de Drana, que le lait allait jaillir de ses doux seins. L'amour de ces amants est tout entier contenu en elle, comme une synthèse, un condensé. Elle en sent la force, elle en sent la puissance inouïe, elle y sent la présence de l'absolu.

Des larmes inondent son visage.

Son père n'avait pas eu le temps de voir le printemps de Gonxha. La violence politique l'avait assassiné dix ans plus tôt, un soir de 1918. Elle n'avait pas huit ans. Elle se souvient des moments au creux de son épaule, de sa grosse main caressant ses cheveux et de sa voix sonore quand il l'appelait :

– Gonxha ! Gonxhagjily !

Elle courait se jeter dans ses bras.

Soudain, l'amour s'est rendu invisible. Kol Bojaxhiu n'était plus là. Foudroyé en plein vol. Parfois, enfant, elle appuyait sa joue contre la cloison de la chambre. Elle pensait qu'il était caché derrière le mur. Elle fermait les yeux et cherchait son visage.

Drana revient près de Gonxha, elle porte tout cela dans son regard chargé de pluies claires comme l'eau de son cœur. Kol était un homme immédiat. Leur histoire d'amour aurait ressemblé à bien d'autres, sans la déchirure d'un soir d'hiver. Une guerre. L'amour terrassé. L'amour assassiné. L'amour vaincu.

Gonxha prend amoureusement le visage de sa mère dans ses mains. Elle l'appelle par son prénom :

– Drana, l'amour ne meurt jamais, il se cache parfois, mais il ne meurt jamais.

– J'ai oublié…

– Non, tu n'as pas oublié. L'amour est, il ne peut pas se gommer.

– Dieu m'a permis d'oublier.

– Drana, l'amour ne s'oublie pas, il est la raison d'être de Dieu.

– La souffrance que j'ai eue en voyant partir l'amour, et la souffrance que j'ai parce que tu pars, m'étouffent.

Pardonne-moi Gonxha, d'avoir si peu de dignité devant toi…

– La souffrance n'est qu'une absence.

– Je ne comprends pas.

– L'amour se cache ! On ne le voit pas, on doute, on tressaille, on croit qu'il n'est plus là… Alors qu'il tremble au fond de nous. Ce n'est qu'un manque de foi, un voile qui nous empêche de le percevoir, une nuit… Mais derrière l'épaisseur de l'absence, il est là.

– Gonxha, nous ne nous reverrons plus. Avant, je voudrais te dire combien Dieu m'a comblée avec ton père, avec Aga, Lazare et avec toi. Quand nous n'avions plus rien, quand tout s'est écroulé, Dieu m'a comblée aussi, Gonxha. Dieu m'a donné, Dieu m'a repris. Mais en reprenant, il m'a donné davantage, il m'a contentée plus encore. Ton départ sera son plus beau cadeau… Je voudrais te confier un secret… J'ai perdu la foi. Je sais que Dieu est là par ma raison, mais mon cœur est brûlé comme la terre des volcans…

– Tu as tellement travaillé, tu nous as tellement donné de toi… Ta nuit nous a remplis de lumière. Maman !

– Ces mains ont essuyé trop de larmes, Gonxha.

– Les larmes sont de l'eau de ciel.

Drana prend la photographie. Elle en raconte les circonstances. Elle fut prise en 1902, sur une berge du Drin blanc.

Les rêves de Kol.

Une autre histoire. Celle du peuple, celle de l'État. L'ancienne Illyrie se brisait en mille morceaux, il fallait tout rassembler, tout réunir, reconstruire l'être des hommes qu'une force centrifuge et contraire éloignait d'eux-mêmes. Le tracé de la via Egnatia[1] de Rome à Constantinople s'effaçait. L'Albanie. Réconcilier le tosque et le gègue[2], le musulman et le chrétien. Après tant de soumission, les Grecs, les Ottomans. L'Albanie écartelée. L'Alba, l'aurore, la couleur blanche, la pureté. Kol était en Drana.

– Il croyait à l'unité des hommes et à l'Amour infini de Dieu ! dit-elle.

– L'État est le reflet des êtres qui le forment. Quand ses êtres se coupent de l'Être, l'État n'existe plus.

– Tu es trop savante pour moi, Gonxhagjyli, je ne suis qu'une pauvre marchande…

– Non, maman, pas n'importe quelle marchande, tu es la fille du marchand de Venise. N'es-tu pas née là-bas ?

– Ah ! si seulement je pouvais revenir à Venise, sentir les parfums du grand canal, du Zattere où était la maison de mon père…

– Rappelle-toi Drana, quand nous jouions : « Je tiens ce monde pour ce qu'il est : un théâtre où chacun doit jouer son rôle…

– … est bien payé qui est bien satisfait ! »

– Shakespeare… Ô maman, tu jouais Antonio le marchand, à merveille…

– Et toi, Bassanio l'amoureux ! On y aurait cru…

– Aga jouait Portia et Lazare Shylock, le juif prêteur d'argent : « Si faire était aussi aisé que savoir ce qu'il est

1. La via Egnatia est le prolongement, en Macédoine de l'Ouest, donc en Albanie, de la via Appia qui dans l'Antiquité reliait Rome à Constantinople.

2. Le tosque est un dialecte de la langue albanaise parlé au Nord et le gègue, au Sud.

bon de faire, les chapelles seraient des églises, et les chaumières des pauvres gens des palais de princes. » Acte I, scène 2 !

– Gonxha, c'était un autre temps, vous étiez encore des enfants.

– Peu importent les lieux, peu importe le temps, c'est toujours maintenant que l'amour nous saisit. Drana, tu m'as donné l'essentiel.

Elles demeurent en silence.

– Si Dieu veut, dans un mois je partirai pour l'Inde…

Aga la sœur aînée s'approche de Gonxha. Drana les laisse ensemble.

Elles s'embrassent. Aga lui tient la main :

– Si pour toi, partir c'est le bonheur…

– Le bonheur c'est d'être. Il n'est pas ici ou là, il est en toi. Il t'apparaît lorsque tu découvres en toi le secret de ton âme. Alors, que tu sois religieuse ou mère de famille, il n'y a pas de différence.

– Je t'aime Gonxha, même si je ne te comprends pas. Tu sais, je ne parviens pas à me faire à l'idée de ton départ.

– Gonxha n'est pas que ce visage, elle ne se limite pas à l'expression physique et charnelle de sa présence. Mon être ne part pas. Je serai toujours avec toi, au-delà de tout. Nous sommes ensemble pour l'éternité, Aga.

– Et l'amour ?

– C'est le choix que je fais…

– Non. Tu ne connaîtras jamais l'amour, tu ne donneras jamais la vie, on ne te dira jamais « maman »… Tu ne seras jamais mère.

Gonxha baisse la tête, elle marche vers la porte comme si Aga avait touché un point douloureux. Elle se retourne, les yeux pleins de larmes :

– J'y ai pensé, Aga. J'ai cherché en moi ce que l'on pouvait sentir quand la vie pousse dans le ventre, quand l'amour t'a uni à celui que ton être cherchait, à celui dont ton âme rêvait, à celui que ton corps désirait. Sentir son souffle, son poids, sa force et sa douceur. Le sentir à l'intérieur de soi, s'ouvrir à lui, l'accueillir, le recevoir dans l'absolu de son intimité qui est l'intimité de Dieu. Au cœur de soi-même faire éclore la vie en se donnant tout entière. J'y ai pensé. J'ai senti la caresse du bébé sur mon ventre, ses lèvres sur le bout de mon sein, je l'ai entendu m'appeler, maman. J'y ai pensé, mais l'amour…

– L'amour est ce qu'il y a de plus beau…

– Je ne renonce pas à l'amour, au contraire. Je veux être entièrement à l'amour qui est Dieu. Ma vocation, c'est l'amour total, absolu… sans limites. Il ne sera pas réservé à une personne, à une famille, il sera pour tous, universellement. Je serai mère tout autant…

– Tu dis cela parce que tu n'as que dix-huit ans.

– Je n'ai pas de doute sur mon engagement à suivre le Christ jusqu'au bout du don, jusqu'au bout de mon être.

Aga se met à pleurer.

Elle ne veut pas se rendre à l'évidence de la déchirure. Depuis l'assassinat de leur père, elles n'avaient fait qu'un, autour de Drana. Les trois enfants, indivisibles comme les trois pétales du lys. Pour elle, il ne fallait pas se séparer, se dissocier, cela équivaudrait à une mort de plus.

– Tu es égoïste, Gonxha ! Tu ne penses qu'à toi dans cette décision.

– Si j'étais égoïste, je ne voudrais pas être tout à tous...

– Ce sont des mots qui font mal. Nous avons besoin de toi ici. Pourquoi courir le monde quand tu peux être tout à tous, ici dans ta famille, dans ton pays, avec ceux de ton sang ?

– Je n'ai pas choisi ma vocation.

– Je ne peux pas accepter cette réponse, tu as choisi.

– Dieu appelle et j'ai répondu.

– Si Dieu ne veut de mal à personne, comment peut-il t'appeler à nous rendre malheureuses ici ?

– Suivre Dieu, ce n'est pas partir en voyage Aga, c'est configurer sa personne au Christ. Ce n'est pas moi qui veux, c'est le Christ qui veut en moi, en m'appelant.

– Quelle différence y aurait-il à faire ce que tu dis, ici et non pas à l'autre bout du monde ?

– Aucune, si ce n'est que mon appel est d'aller vers les plus pauvres.

– Nous avons des pauvres en Albanie...

– Il y a plus pauvres encore, et c'est vers eux que Dieu m'appelle. Aga, mon départ n'est ni une fuite, ni une trahison. Il est un accomplissement. Depuis l'âge de quatorze ans, je sais ce que sera ma vie...

– Mais avant de poser un acte aussi définitif, ne fallait-il pas mesurer ce qui t'attache à nous, à cette famille que nous formons qui s'est unifiée au fil de l'épreuve et du malheur ? Ne suffit-il pas que notre père ne soit plus, qu'il faille que tu en rajoutes ?

– Aga, permets-moi de te dire que je suis libre de toute attache. Ma liberté s'est révélée dans le choix que j'ai fait de répondre oui. Ma maternité sera autre, mon époux sera l'Époux, mon sein donnera du fruit et du lait d'une autre manière. Tu n'auras pas quelques neveux ou nièces, tu en auras des myriades. Tu n'auras pas un beau-frère aimable, tu auras le Christ, perfection de l'amour, comme époux de Gonxha.

Drana vient les rejoindre avec une lettre de Lazare, leur frère absent. Il avait écrit simplement :

« Gonxha, que Dieu te garde ! »

Sur le quai de la gare les trois femmes s'embrassent longuement en silence, formant comme une seule fleur…

Gonxha n'a jamais voyagé, elle doit traverser l'Europe pour se rendre à Dublin, où se trouve le couvent de Rathfarnham de l'ordre de Notre-Dame-de-Lorette, dans l'espoir de partir pour l'Inde…

Elle monte dans le train. Aga et Drana la suivent du regard. Elle pose son bagage et vient à la fenêtre du compartiment. Dans le brouhaha et la fumée la locomotive siffle et s'ébranle. Drana court un moment et lance à Gonxha :

– Ne te retourne pas ! Ne te retourne jamais !

Ces mots déposent sur elle quelques cendres de l'embrasement de Kol, de son engagement total, quelques braises qui lui brûlent le ventre.

L'héritage.

Elle emporte dans son être même, l'être de chacun. Elle est Drana, elle est Aga, elle est Lazare, elle est Kol…

C'est comme un tissu que l'on arrache. Si l'on ne s'attache qu'à la matière du tissu, la douleur est vive. Si l'on considère que ce tissu n'est qu'un voile, qui lorsqu'on l'arrache, nous révèle une réalité bien plus grande et bien plus belle, alors apparaît une sorte de ravissement.

Une peine immense et une joie profonde nouent ses entrailles à jamais.

3

Calcutta, le 16 août 1946

Teresa regarde le ciel. Il y a comme des traces d'incendie, un rouge violacé qui le strie de part en part. Depuis quelques jours les tensions entre les musulmans et les hindous atteignent un point de non-retour.

Un meeting se tient au Maidan[1]. Des dizaines de milliers de musulmans s'y sont rendus. Certains sont armés. La peur. La panique comme une lame de fond traverse les foules en marche vers un but noyé de brumes. L'indépendance. L'Inde. L'unité impossible.

Les musulmans se lèvent. Des coups de feu retentissent près de Park Circus comme un appel au jihad, à la guerre sainte.

Les soubresauts de la marche du sel, les séquelles de la grande famine du Bengale, la mort de Chandra Bose[2]

1. Vaste espace vert au centre de Calcutta qui entoure le fort.
2. Héros de l'Indépendance de l'Inde qui prônait la lutte armée, à l'inverse du Mahatma Gandhi. Il est mort dans un accident d'avion en 1945.

à Formose, le désaccord entre Gandhi et Al Jinnah, le chef musulman, sur la partition de l'Inde, déchirent Calcutta et le Bengale. Al Jinnah a appelé hier à la révolte.

Gandhi ne peut plus rien. L'unité impossible.

Teresa prie pour les enfants qui vont se trouver au milieu du désastre. Elle craint pour les deux cents siens qui risquent de crier famine, car les vivres vont se faire rares dans la ville.

Elle repense à cette grande famine de 1942, à la sécheresse immense qui brûla toutes les récoltes de la Birmanie et qui priva le Bengale de riz.

La famine d'aujourd'hui est bien plus grave encore, elle pèse comme une menace, une famine de paix et d'amour.

La sécheresse d'aujourd'hui est bien plus rude encore. L'insupportable de la violence. L'impuissance de l'être ensemble. La déchirure d'un peuple.

Gandhi parle, mais qui l'écoute ?

La police a décrété un couvre-feu et conseillé aux personnes de ne pas sortir. La guerre entre les communautés est implosive, elle détruit de l'intérieur.

L'atmosphère est calcinée. Teresa guette les yeux fermés. Elle cherche le silence blessé derrière le vacarme de la folie meurtrière qui envahit la ville. Sa mémoire s'étoile du souvenir de l'Albanie de son enfance, des tensions que son père Kol vécut jusqu'à la mort.

Elle revoit les affrontements entre catholiques et musulmans, entre les factions nationalistes irréductibles. Elle connaît le poids des circonstances, le poids de la violence qui fait se dresser les hommes d'un même sang les uns contre les autres. Elle connaît le sens du peuple, de la « chose publique », la « res publica » qui torture le cœur des hommes jusqu'à l'ultime de la guerre. Le pouvoir. L'État qu'elle conçoit comme un reflet de l'Être, mais que les hommes décapitent sans cesse. Elle connaît la cuisante amertume de la mort qui s'abat comme une grêle sur des familles entières, qui ruine en un clin d'œil des générations complètes.

Elle connaît l'écœurement du non-amour quand la haine dresse sa tente au milieu des insurgés. L'après des cimetières, des hôpitaux, des bidonvilles, des enfants perdus, des points de non-retour, des zones infrahumaines…

Les musulmans indiens veulent se séparer, un vouloir religieux. Un État, un espace, une coquille, une rupture, ils veulent se retrancher de l'Inde hindoue et de la négligence anglaise.

Des balles de mitrailleuse viennent mourir sur les murs de l'école. Teresa anxieuse entrouvre une porte qui donne sur la rue adjacente à Convent road d'Entally. Elle entend les pas d'une foule qui court. Les coups de feu crépitent. Des gens tombent, blessés à mort, par centaines.

Teresa se noue à l'intérieur. Elle souffre de l'éclosion du mal. Elle prie à haute voix pour faire taire sa douleur.

Elle se retient. Agir, porter plus loin son être. Maintenir, être présente au plus près du souffrant. Épauler, soutenir l'équilibre, ouvrir une fenêtre dans les nuages noirs des cris, des injures et des coups de fusil. Tenir l'être, tenir.

Elle a beau se dire que sa prière serait plus efficace pour garder l'espérance, elle ne s'écoute pas. Elle décide d'aller rejoindre ceux qui tombent, non pas pour se battre, pour prendre parti, mais pour être indienne avec eux, blessée de leurs blessures. En un instant, elle mesure la portée de sa décision et des conséquences : elle doit enfreindre la règle du couvent, quitter la clôture sans aucune autorisation. Elle n'atermoie pas, elle pousse la porte. Elle ne peut pas rester cachée, elle ne peut pas laisser la mort tout emporter, la haine tout effacer, elle veut poser sa main sur la plaie qui s'échancre sous les slogans assassins des deux camps.

Les musulmans, turban au vent, ont le dessus, ils pourchassent les hindous et en abattent froidement dans le dos. Elle les suit jusqu'à Park street. Au carrefour de Shakespeare road, les émeutiers sont face à face, la férocité est terrifiante. Teresa se faufile. Des yeux se braquent sur elle, une religieuse catholique !

Des cadavres d'enfants jonchent le sol, des hurlements, des déchirures insoutenables. Un groupe de musulmans enserre une famille hindoue qui tente de fuir. Les fusils se lèvent, Teresa s'interpose :

– Quelle sorte de mort dévore votre cœur ? Au nom de Dieu ! Ne tirez pas sur vos frères indiens !

Un des enfants hindous vient chercher refuge auprès d'elle, une balle est tirée, elle touche l'enfant :

– Ne tirez plus, pour l'amour de Dieu…

– Rentre chez toi Sister, tu n'as rien à faire ici, ce ne sont pas tes affaires !

– Nous sommes tous frères et sœurs d'un seul Dieu et Père !

– Sister, ne cherche pas à nous convertir à tes mensonges, ici, c'est une question de vie ou de mort ! Qui n'est pas avec nous est contre nous ! hurle le musulman en tirant des coups de feu en l'air. Laisse-nous régler nos comptes, ces chiens nous oppriment, ils ne méritent que ce qu'ils ont !

– Ne tire pas ! La seule conversion, c'est l'amour et si tu es musulman, c'est que tu aimes ton Dieu et ton Dieu, c'est notre Dieu aussi, il est le Dieu de l'amour, pas de la haine ! Je veux te convertir à être un meilleur musulman et eux de meilleurs hindous !

– Va-t'en ou je tire !

– Tu ne vas pas tirer ! Regarde cette croix que je porte, c'est le signe de l'amour ! Le signe de Dieu qui a versé son sang une fois pour toutes afin que la paix nous réunisse !

– Je combats pour la paix.

– La paix, c'est la vie, et toi tu sèmes la mort !

– Je combats pour la justice et pour que mes enfants puissent vivre leur foi en toute liberté, loin des lois hindoues !

– Tu combats en tirant sur les enfants ! Dieu n'est pas une idée ! Dieu est en ton être ! On ne tue pas au nom de Dieu, on donne sa vie pour les autres et pour ses ennemis !

– Allah est grand, il n'aime que ceux qui l'aiment ! C'est eux ou nous ! Ces chiens sont des infidèles !

– Non, nous sommes tous ensemble. Si tu ne regardes que toi, tu te détruis, si tu regardes vers l'autre, tu te construis. Comment peux-tu dire que Dieu n'aime pas tes ennemis ! Tu n'es pas Dieu pour décider de qui est fidèle et de qui ne l'est pas.

– Je suis prêt à mourir pour Allah ! Sister, la mort n'est rien ! Allah est tout, nous voulons ce qu'Allah veut, nous voulons en finir avec les chiens d'infidèles !

– Dieu est miséricordieux, il ne veut pas de sang versé, pose tes armes et va prier !

Le petit groupe autour de Teresa se tait, l'enfant ensanglanté sanglote en cachant son visage dans l'habit de Teresa. La famille hindoue la regarde effrayée, les musulmans ne savent plus quoi faire. Ils hésitent. Plus loin vers Maidan l'affrontement est à son comble. Le groupe de musulmans parle à voix basse, leur chef dit à Teresa :

– Sister, nos frères sont en train de mourir là-bas et tu voudrais que je laisse faire !

– Les hindous sont tes frères aussi.

– Les chrétiens ne nous aiment pas ! s'écrie une femme.

– Les chrétiens sont tes frères, reprend Teresa, Dieu nous a créés ensemble. La religion est un cadeau de Dieu. Et Dieu ne fait pas de différence entre les races, les couleurs et les croyances, sois bonne musulmane et j'essaierai moi aussi d'être bonne chrétienne, et eux meilleurs hindous ! C'est la seule vérité, le reste, c'est de la haine. Aidez-moi à ramasser les blessés, à recueillir les morts, au lieu d'en faire d'autres. Priez !

Le chef marmonne toujours. L'enfant blessé lui prend le fusil des mains et le jette par terre.

– Plus jamais ça ! dit Teresa, comme si l'enfant était ses mains, le prolongement de son être.

Quelques femmes viennent l'aider à relever les blessés. Teresa examine la blessure de l'enfant. La famille hindoue en profite pour fuir par une ruelle, emportant deux des leurs gravement atteints. Teresa constate que la blessure de l'enfant est superficielle.

L'armée fait son apparition au coin de Park street, le groupe de musulmans s'enfuit sans oublier de reprendre le fusil arraché.

Teresa reste avec l'enfant et les blessés.

Un camion de soldats anglais s'arrête. Le capitaine est surpris par la présence de la religieuse.

– Sister, partez d'ici, c'est dangereux.

– Il faut les aider.

– L'hôpital est déjà rempli.

– Amenez-les à St Mary's School, nous allons nous en occuper.

Le camion se transforme en ambulance. Les blessés sont chargés. Teresa monte à son tour sur la plate-forme.

Il y a quelques sacs de riz.

– Capitaine, j'ai deux cents enfants qui demain auront faim !

– Je vous laisse cinq sacs de riz et deux sacs de dal[1], Sister !

La cargaison de blessés et de vivres arrive au couvent de Teresa. La Supérieure n'a pas le temps de réprimander Teresa :

– Je ne suis pas sortie pour rien, voilà de quoi alimenter notre charité, dit Teresa en aidant les soldats, et puis ces sacs pour nourrir nos enfants…

La Supérieure compte les sacs :

1. Lentilles.

– C'est un miracle ! J'ai l'impression de vivre la multiplication des pains ! N'y avait-il pas cinq pains et deux poissons ? Votre connivence avec Dieu m'émerveille chaque jour, Sister Teresa ! Cependant, vous auriez pu me dire que vous sortiez !

– Pardon ! Dieu n'abandonne jamais celui qui s'est abandonné !

4

Entre Calcutta et Darjeeling, dans le train, le 10 septembre 1946

Le train surchargé de passagers serpente difficilement vers le Nord, vers le Népal et le Boutang.

Au pied des plus hautes montagnes du monde, le paysage est sublime. Teresa est saisie par la majesté des rochers et des contreforts qu'elle appréhende de loin.

Darjeeling est au pied de la colline du Tigre qui ouvre l'horizon sur le mont Everest et le Kanchenjunga. Ces régions abondent de gompas, ces monastères bouddhistes coupés des pesanteurs du temps.

Le train cahote mais progresse dans ses ascensions avec une lenteur propice au recueillement. La plupart des passagers s'endorment au gré du balancement.

Près d'Uttar Dinajpar, le train s'arrête au milieu d'une vallée aux versants vertigineux. Teresa regarde par la fenêtre une rivière serpenter à quelques dizaines de mètres en contrebas.

L'après-midi est chaud. La respiration est rendue difficile par la promiscuité, par la sueur du surnombre.

Ses yeux sont attirés par une forme féline qui sort d'une clairière. Un tigre coruscant avance avec élégance et, sans la moindre appréhension, longe les voitures du train. Il s'arrête devant le compartiment de Teresa. Il renifle et d'un bond se dresse sur ses pattes arrière. Il prend appui sur le rebord de la fenêtre. Teresa rit. Elle ne peut se retenir de dire :

– Tu m'as reconnue ?

Elle le dit comme elle lui aurait dit bonjour. Une joie d'enfant l'envahit tout à coup. Elle se met à lui faire les yeux doux. Le tigre ne bronche pas. Les passagers tout autour s'effrayent. Certains commencent à faire du bruit pour le chasser. Teresa leur intime de se taire.

Le tigre inquisiteur semble contempler ces humains entassés les uns sur les autres. De temps à autre, il grommelle comme pour commenter ce qu'il observe, au grand bonheur des enfants et de Teresa qui l'invitent à renouveler ses locutions.

Puis sans prévenir, il fait un bond en arrière et repart vers la rivière. Tout le monde s'agglutine aux fenêtres pour le regarder laper l'eau avec délectation et élégance.

Une fois rassasié, il s'échappe à la vitesse de l'éclair. Le train repart.

Teresa plonge dans une grande méditation. Des larmes coulent sur ses joues.

La montagne la happe intérieurement.

La montagne dit Dieu.

Qu'elle soit celle d'ici ou du Sinaï, elle est le lieu de

la rencontre. L'Alborgh[1] inaccessible, le Meru[2] inouï des sâdhus. Teresa ressent une respiration particulière en elle. Comme si à cette hauteur, l'air dilatait ses poumons. Arunâchala[3] ?

Son souffle loin de se couper trouve toute sa plénitude.

Elle est le chemin qu'elle voit le long de la fenêtre, elle est la forêt, elle est ciel. Elle respire avec la nature, avec les hommes qui l'entourent. Elle les rejoint au plus profond d'eux-mêmes, comme si elle en avait une connaissance native.

Elle est libre malgré l'attachement que son habit lui confère. Elle est libre de tout lien, de tout engagement.

Elle est comme le gypaète qui tournoie au-dessus de la voiture.

Elle est comme le sommet de cette montagne dans la plus haute altitude d'elle-même.

Il ne lui serait pas nécessaire de grimper en cordée, de braver les glacis, les couloirs d'éboulis, de franchir les glaciers, elle est de tous les sommets, de toutes les cimes. À cette hauteur-là, l'air est si pur, si rare qu'il nécessite des aptitudes particulières de sherpa[4]. Elle a le souffle du sherpa.

Teresa inspire goulûment un air qu'elle ne connaît pas, un air d'une densité qu'elle n'avait jamais éprouvée. Tout en respirant, elle voit le fil de sa vie, elle contemple

1. Montagne sacrée des Perses.
2. Le mont Meru est la montagne mythique considérée comme l'axe du monde dans les mythologies persane et surtout hindoue.
3. Montagne de Shiva, divinité hindoue.
4. Passeur dans l'Himalaya.

les pas posés sur le sable du chemin, elle regarde la distance qu'il lui reste à parcourir pour accomplir ce qu'elle pense être, et qui est. Le dessein de Dieu ?

La littérature indienne lui a exposé la quête et les errances des sannyasis [1] qui épient la rencontre intérieure à chacun de leurs pas, elle sait que Dieu, lorsque le cœur est libre, peut y établir sa demeure.

Elle sait que ce retournement ne prévient pas.

Elle voit sa vie de professeur du collège St Mary's School de Calcutta comme une sorte de fonctionnariat. Elle voit qu'elle n'est plus à sa place, qu'elle tourne autour d'elle-même sans pouvoir donner sa pleine mesure.

Dans ce travail, elle se sait loin de l'essentiel, non pas qu'il soit inutile de former des jeunes filles selon une éducation profonde et subtile, mais parce que la dimension de son âme ne pourra pas y être éprouvée.

Elle sent Dieu, elle sent son Seigneur, elle sent le Christ.

Elle le sent l'envahir, effaçant peu à peu les franges et les ganses de son ego. Elle repense à ces discussions qu'elle avait eues avec un collègue professeur hindou sur l'effacement de l'ego.

Elle se souvient qu'elle ne saisissait pas comment cet effacement pouvait s'opérer sans détruire la personne. Il lui semble à présent que cet homme disait vrai.

L'effacement de l'ego. L'extinction, se laisser être l'Autre.

1. Moine qui a renoncé au monde.

Le Christ, en elle, épouse le prisme de son âme comme une coquille ou plutôt comme l'encre qui lie et délie une calligraphie. Elle se sent écrite de nouveau de l'intérieur, son nom est re-tracé ontologiquement. Elle sent comme un appel.

L'appel.

L'appel à être, à se vider, au creux de cette montagne, pour s'assouvir d'un souffle inépuisable. Illuminer son regard d'un trait de lumière inaltérable, boire une eau consolante à jamais, une eau de source vive, une eau de glacier, une eau de neige, une eau de givre et de rosée, une eau de ciel invisible, incorruptible. Une eau de sherpa.

L'appel à être sherpa.

L'appel, comme un gémissement, noue la gorge de Teresa. Elle tremble de tout son corps. Un frisson, une chair de poule incessante. Dieu la visite, Dieu la caresse, elle ne sait si elle doit pleurer, crier ou fuir. Elle cherche à se ressaisir raisonnablement, mais en vain.

Une force la tient au plus lointain d'elle-même.

Le train s'arrête à Murshidabad, elle assiste sans y assister au débarquement des familles, des bagages, des enfants qui hurlent, des rickshaws [1] qui appellent les clients. Elle n'entend pas. Elle ne voit pas, même si ses yeux observent cette femme voûtée qui peine à descendre et que personne n'attend. Elle est cette femme,

1. Pousse-pousse.

elle est ce policier qui vient la secourir, elle est cette grappe d'enfants qui chahutent en riant.

L'appel. Avancer encore non pas dans le paraître du monde, dans sa représentation, mais dans l'effacement et le service.

L'appel comme un chuchotement du Christ lui fait éprouver la soif.

La soif de la croix.

Le murmure du Christ qui lui dit: «J'ai soif!» Ou mieux encore en anglais «I am thirsty», «je suis assoiffé».

Je Suis la soif.

Teresa a soif d'aimer, de toucher, de prendre avec elle, de croître avec, d'être avec, de mourir et de vivre avec. Elle a soif de cette soif de la croix éployée comme un aigle, comme un oiseau de grande envergure, comme un pélican qui se blesse pour nourrir ses enfants. Elle a soif de ces êtres brisés, détruits, arrachés à eux-mêmes, inconsolés, inconsolables. Ces êtres cachés dans le puits de leur âme, désolés et hurlant dans le noir comme le papillon, sans émettre un seul son.

Les humiliés du souffle.

Elle a soif des plus pauvres des pauvres. Les humiliés du souffle. Elle les voit, elle les approche, elle les caresse, elle les prend dans ses bras trop courts.

Elle a soif des lépreux, des agonisants, des exclus d'eux-mêmes, des fous, des inhumains, de ceux qui font peur, qui font détourner le visage, qui font vomir, qui font pousser un cri, tellement ils portent l'abjection, la corruption, l'horrible.

Les humiliés du souffle.

Elle les veut pour compagnons de route, pour pèlerins du soir, pour amis de passage, pour hôtes de sa vie. Elle les veut comme frères, comme sœurs, comme enfants, avec leurs moignons, leurs visages rongés par la misère, leurs esprits détruits par la faim et la soif.

Elle veut être leur sherpa.

Elle les veut pour compagnons de noces, pour garçons d'honneur, pour gardiens, car ils sont le corps de son Dieu. Ils sont ses plaies, ses déchirures. Ils sont le nom de son Seigneur, le Nom de l'Être qu'elle vient d'entendre pour la première fois : J'ai soif, Je Suis la soif.

« Je Suis », ce nom que Dieu lui-même révéla à Moïse dans le buisson ardent épousait l'oreille de Teresa d'une couleur vermeil, d'une couleur royale, celle du Sang versé du Verbe, celle de l'altération.

Je Suis la soif.

L'appel dans cette montée vers le Népal, vers le Boutang, résonne dans la vallée de son exil. L'appel est un désir insatiable, un désir infini d'amour, une soif plus vaste que celle de Tantale : la soif de Dieu, la soif de guérir au baume de Son cœur les hommes en morceaux privés de Son soleil. Je Suis la soif.

Le ciel éclaire le cahotement du train, bleu et transparent. Elle y voit le reflet de son visage comme au travers d'une vitre. Elle y voit ce qu'elle est.

Elle se regarde, elle ne se reconnaît pas.

Elle se trouve engoncée dans son habit. Elle se sent à l'étroit. Conformiste. Elle a besoin d'amplitude, de marche, d'accroupissement, d'agenouillement, de flexions spontanées que les rites anciens de sa vie religieuse enferment dans les convenances et l'assoupissement.

Elle veut parcourir les rues des bas quartiers comme son Dieu le fit dans sa Galilée, humanisant et divinisant l'être de chacun, appelant les plus pauvres à le suivre.

Je Suis la soif. Je Suis le chemin, Je Suis la porte, Je Suis la vie, Je Suis la Vérité, Je Suis le berger.

Il s'était fait homme pour que l'homme devienne Dieu, par le relèvement, par le souffle retrouvé, par la soif étanchée, par l'amour qui brûle tout.

Je Suis la soif.

Elle a soif des intouchables, de ceux qui n'ont pas le permis d'être.

Elle a soif de ceux que le dédale mental tient enfermés dans l'enchantement d'une folie, d'une dérive, d'une errance irrévocable.

Elle veut se mettre à l'affût des plus pauvres, de ceux que les pauvres mêmes rejettent, de ceux qui n'ont plus rien. Ceux qui n'ont même plus la force de survivre.

Elle veut les dénicher au fond de leur grotte de misère, dans l'extrémité d'une solitude insoutenable.

Dieu l'appelle dans ce souffle, dans cette exhalaison de lui, au pied de cette montagne si pure, si haute, pour aller au plus bas, au plus en dessous de tout, au plus enfoui de la misère humaine, de la condition de cette finitude, à la limite de la survie.

Dieu l'appelle dans cette fosse pire qu'un tombeau, dans ces cloaques pires que l'enfer décrit par les livres saints.

Dieu a soif de sa soif.

Et cette soif est un chemin, une voie, une porte pour ouvrir les plus pauvres à la lumière, à une part de soleil.

Son enfance chatouille sa mémoire. Tout remonte, la peur qui lui nouait le ventre après l'assassinat de son père, la faim des premiers temps où Drana sa mère dut travailler jour et nuit pour les nourrir un peu, la crainte de perdre encore le lien si violemment brisé. Elle avait tellement souffert du manque de son père, du déséquilibre de la famille mutilée !

Elle sent que se dénoue ce reste d'elle-même, ce coin d'ombre blessé, le doute d'être, puisque son père lui fut enlevé sans pourquoi ni comment, comme si on eut voulu la priver de la force essentielle, du reflet même de Dieu. Le père de famille n'est-il pas le miroitement du Père ?

L'appel l'invite à fermer la plaie ouverte, à apaiser le manque, à refermer l'histoire, à la clôturer d'un point, d'un mot nouveau, d'un mot subtil, d'un nom de Dieu : Je Suis la soif !

Et cette soif l'habite, non pas de ses souffrances personnelles, mais de celles de tous.

La fin de l'après-midi tamise la lumière. Le train avance encore vers Darjeeling, plus haut.

Elle est sans être là.

Elle prend le cahier qu'elle a prévu pour la retraite spirituelle qu'elle va suivre. Elle sourit à l'idée que c'est un bon début.

Rapidement elle trace sur le papier les principales lignes de l'appel. Elle ne sait comment le dire, comment l'expliquer.

Son cœur s'est ouvert et son être a frémi.

Son âme a balbutié les premiers mots du Verbe, son individu a recouvré son origine et sa fin, son être s'est uni à son Dieu impatient.

Elle écrit : Je Suis la soif. Puis, elle écrit sa réponse, son incapacité à ne pas tout de suite partir au-devant de ceux dont elle entend le cri.

L'urgence se manifeste sur la page qu'elle griffonne. L'urgence de brûler le vouloir qui l'étreint, l'urgence de servir malgré tout, malgré la difficile limite de ses forces. L'urgence de dire que tout homme privé de Dieu cesse d'être.

Comment répondre à l'urgence ? Par la fragilité.

Son Dieu la tire du fond de sa faiblesse.

Elle sait que derrière son caractère affirmé se cache une âme fragile, une flamme en danger de vaciller trop vite. Elle sait que son Seigneur la prend dans cette condition de femme, dans cette humilité d'un corps aux limites subies. D'un corps de chair meurtrie.

Elle sait que sans Lui, elle ne serait plus là.

Elle écrit, mais au fond d'elle, elle sait que ce n'est pas nécessaire. Le souffle qui l'a envahie la garde dans son creux comme dans une conque.

Teresa tente de formuler en termes religieux l'ineffable rencontre, l'ineffable soleil qui lui a consumé le cœur. Elle pense qu'il faudrait des livres et des livres pour décrire le fond de son être ébloui.

Elle s'épuise à chercher les formules, les termes, les phrases convenables. Elle déchire une feuille et recommence encore.

Puis, elle laisse son crayon parcourir chaque ligne, et sans qu'elle réfléchisse, les mots se posent là, simples et sans détours. Elle écrit avec la pointe fine de son âme.

Elle sait désormais qu'elle a trouvé sa place.

Elle en connaît le lieu, la géographie sacrée. Elle en connaît l'empreinte et la mémoire vive. Elle sait qu'elle fera le geste de la croix, la caresse donnée au supplicié, au roi tapi dans les mouroirs, dans les léproseries, dans les taudis fétides et les déchetteries.

Elle sait qu'elle portera ces corps comme le corps de son Dieu mort.

Pietà, elle sait que par ce souffle rien ne s'interrompra au-delà de la mort.

Ce geste de son Dieu qui mit fin aux cycles infernaux des morts et des renaissances, elle le porte en elle pour tous les humiliés.

Elle sait désormais où se trouve sa place. Elle est heureuse.

« Dieu veut que je sois pauvre et que je l'aime sous l'apparence misérable du plus pauvre d'entre les pauvres. Je prendrai l'habit simple et pauvre des Indiens. »

Elle ferme son cahier.

Le train entre en gare de Darjeeling. Elle éprouve des difficultés à descendre tant la cohue est grande. En arrivant sur le quai, un lépreux lui tend la main. Teresa se met à genoux devant lui.

Elle sait désormais qu'elle a trouvé sa place.

5

Calcutta, le 25 janvier 1947

Teresa attend une lettre qui ne vient pas. Sa vie n'est plus la même depuis ce voyage en train au pied de l'Himalaya. Quelque chose d'irrévocable.

Elle s'en est ouverte au prêtre jésuite Céleste, son directeur de conscience. Elle est sûre d'une nouvelle proximité intérieure avec Dieu, d'une autre station sur le chemin.

Elle marche dans le parc de St Mary's School, le ventre noué. Elle n'a plus rien à faire ici. L'habit de religieuse européenne lui pèse, elle est bien à l'étroit. Elle se sent prisonnière, mais elle ne veut pas rompre avec l'autorité religieuse, elle veut rester fidèle, obéissante.

Elle lutte contre elle-même. Son esprit l'envahit d'hypothèses, de doutes, de colères, de reniements.

Les pensées obscurcissent la lumière qui l'habite depuis Darjeeling. Elle marche vite comme pour se détacher des angoisses qui l'assaillent, des contradictions qui l'empoisonnent.

Elle court pour sortir d'elle-même, pour apaiser la tempête.

Épuisée, elle s'appuie contre un banian. Elle recherche son souffle, elle recherche le fil perdu, le lien du ciel en elle.

Elle décide de prier, mais les premiers mots lui manquent, la tourmente la reprend. Elle pense à la lettre écrite à Monseigneur Perrier, l'archevêque de Calcutta, dans laquelle elle lui confiait son projet de partir au milieu des plus pauvres, mais il ne répond pas. Pourquoi ?

Au-dessus d'elle dans le toit de feuillage, un bruit évacue sa torpeur. Elle pense à un oiseau. Elle lève la tête. Elle ne voit rien. Elle cherche autour de l'arbre.

– Sister, il ne faut pas te tourmenter.

Teresa fait un bond en arrière. Elle se retrouve face à face avec un homme vêtu d'un pagne.

– N'aie pas peur !
– Que fais-tu dans ce parc ?
– La même chose que toi, Sister.
– Tu n'es pas une sœur, que je sache…
– Qui sait ?
– Déguerpis, il y a des jeunes filles ici…
– J'ai entendu votre conversation.
– Quelle conversation ?
– Entre toi et ton ego.
– Tu es un sannyasi ?
– C'est toi qui le dis.

L'homme surprend Teresa par la beauté de son visage. Une fine barbe blanche, des yeux rayonnants et perçants, une douceur qui la rassérène.

– Je pense que nous ne pouvons pas continuer à parler ainsi. Le règlement de l'école est strict.

– Comme ton habit qui t'étouffe !

– Je ne te permets pas…

– Ne t'enflamme pas. Tu as vécu quelque chose d'extraordinaire dans le train, n'est-ce pas ?

– Comment sais-tu ?

– Je suis ce que tu es.

– Tu m'as suivie ?

– Je n'ai pas besoin de te suivre, je suis.

– Cesse de jouer et d'être énigmatique. Que me veux-tu ?

– Je ne veux rien. J'ai simplement entendu cette conversation. Je puis te dire que tu as fait l'expérience du Divin Soi et que ton ego ne s'en est pas remis !

– Je suis chrétienne catholique.

– Tu veux être indienne aussi…

– Je ne te comprends pas.

– Ton Dieu, Jésus, s'est fait homme et toi tu te fais indienne.

– Je suis venue ici dans cette intention.

– Mais tu ne portes pas le sari…

– C'est-à-dire que…

– Ton ego est pris entre deux feux. Ta religion et Dieu.

– Ma religion et Dieu ne font qu'un.

– Le Divin Soi n'a pas de religion. Dans le train en arrivant à Darjeeling, tu as goûté le Divin Soi.

– J'ai entendu Jésus dans mon cœur.

– C'est la même chose.

– Je ne suis pas hindoue, je suis catholique.

– Cela n'a aucune importance. Peu importe la bicyclette que tu chevauches, pourvu qu'elle te mène à l'unique but. Tu as touché le but.

– J’ai reçu un appel à l’intérieur de ma vocation.

– À être la plus pauvre d’entre les pauvres pour mieux servir Dieu dans les plus pauvres.

– Comment sais-tu tout ça ?

– Je suis.

– Dieu a soif des pauvres, Dieu a soif des enfants défigurés par la faim et la misère, Dieu a soif de leur amour. Si personne ne vient leur donner de l’amour, Dieu en souffre, Dieu est encore crucifié.

– Dieu a soif de toi, pas de ton ego. Ton œuvre n’est pas ton œuvre, c’est Lui. Sois et ne pense plus au pourquoi et au comment. Il t’a donné son Nom à prononcer, non ?

– Quel Nom ?

– Je Suis la soif !

– Comment sais-tu ?

– Je Suis la soif !

L’après-midi est doux. Teresa se surprend à écouter le sannyasi, à le respecter.

La paix du sage la recouvre.

Elle retrouve les mêmes sensations intérieures que dans le train, comme si cet homme avait apaisé la tempête :

– La tempête en toi s’est tue. Quand on se tient à la lisière du Divin Soi, les intempéries sont nombreuses et l’on bascule vite… L’illusion nous submerge comme une mer déchaînée. Il faut toujours revenir au Soi.

– À Jésus.

– Si tu veux. Jésus est l’un des « déguisements » du Divin Soi.

– Je ne peux pas être d’accord avec toi. Jésus est mon maître et Seigneur.

– À moi aussi !

– Mais tu n'es pas catholique.

– Je suis un être humain, et comme tout être humain, je peux réaliser le Divin Soi, je peux réaliser le Christ en moi…

– Mais tu ne connais rien à notre religion…

– Dieu non plus !

– Tu blasphèmes !

– Crois-tu que Dieu s'y reconnaît dans vos rubriques et vos manies ? La religion est pour tous les hommes !

– Mais sans religion rien n'est possible !

– Je suis d'accord avec toi. La religion est un véhicule confortable qui évite bien des errements. Mais attention, il est aussi confortable que le train et l'on peut s'endormir dedans et manquer la station !

– Je ne veux pas rater la station.

– Je sais. Mais ton ego te jouera plus d'un tour. Il tente de te faire croire que tu vas devenir une sainte selon ta religion. Dieu seul est Saint, Dieu seul Est. Toi, tu n'es qu'une excroissance de son Être qui lui-même n'est qu'un reflet de l'Incréé, l'Ineffable que la Bible ne nomme pas. Abandonne-toi totalement à Dieu, sans laisser la moindre miette à ton ego. C'est Dieu qui agit, pas toi ! Même si l'on te vénère, si l'on te baise les pieds, c'est Dieu, c'est parce que tu as…

– Épousé le Christ !

– Si ça peut te faire plaisir, tu peux le dire comme ça !

– Je suis si faible. Comment pourrais-je faire face à ce qui m'attend ?

– Dieu est fort quand tu es faible. Tous les maîtres que j'ai rencontrés étaient humainement des personnes fragiles, maladives, avec des défauts… Mais quand tu réalises le Divin Soi, quand tu épouses le Christ, tout disparaît…

– Ce n'est plus toi qui vis, c'est le Christ qui vit en toi.

– Parce que le Christ est mort à lui-même, il a crucifié son ego et…

– Il est ressuscité !

– Tu n'es pas encore tout à fait indienne. Ton Dieu s'est fait juif pour parler aux Juifs. En te laissant épousée par Lui, il faut que tu deviennes totalement indienne, que tu deviennes la Mère de ceux qui souffrent à Motijhil ou ailleurs sur toute la terre. Il ne te suffit pas de prendre le sari, il faut que ton ego se configure aussi, profil bas !

– J'ai déjà pensé à ce que tu me dis. Je ne connais pas bien l'hindouisme, mais j'en apprécie la philosophie et les paroles de sagesse des gurus…

– Ce sont des paroles de professeur que tu me sers. L'Inde, c'est la Métaphysique à l'état pur. Il n'y a rien de religieux là-dedans. Ici tout est absolu. La misère aussi ! Il n'y a pas de demi-mesure. En Inde, tu es où tu n'es pas.

– Je ne suis pas assez intelligente pour intégrer la métaphysique.

– En disant cela, tu fais de la métaphysique et tu me prouves que tu n'es pas loin du but.

– Les théologiens catholiques pourtant…

– Laisse les théologiens à leurs mots croisés ! L'essentiel est dans l'être, pas dans le mental. Le mental ne peut pas quantifier ce que tu as vécu dans le train. Le mental d'un théologien ne saurait pas le décrire. Ton être a été touché par la grâce, Dieu t'a revêtu de sa magnificence, alors bénis-le ! Envoie tes théologiens faire du tissage auprès des moines du Boutang, ça leur fera voir du pays et laisse-les ergoter sur la couleur des plumes des devas [1].

– Je suis dans l'Église.

– Moi aussi !

– L'Église est catholique !

– Moi aussi.

– Cesse de te moquer de moi !

– Je ne me moque pas, je suis ce que tu es ! Et ton Christ est tout en tous !

– Comment sais-tu cela ?

– Parce que le Christ est en moi aussi ! Ton tourment est de savoir pourquoi l'archevêque de Calcutta tarde à te répondre. Ton ego te tanne le cuir avec cette réponse !

– Elle est fondamentale ! Je fais partie d'une congrégation qui a des règles et des lois, et qui est sous l'autorité de l'archevêque ! Je dois obéissance et fidélité à mes supérieurs.

– Il n'y a qu'un supérieur, c'est Dieu. Tu as eu sa réponse dans le train. L'archevêque n'a rien compris à ce qui t'est arrivé. Il pense que ton imaginaire a infléchi ta raison et que tu prends tes désirs pour des réalités. Il te suspecte de sentimentalisme et veut t'envoyer ailleurs ! Dieu merci qu'il ne comprenne pas ! Car s'il prenait ta réalisation au sérieux, il t'enfermerait à double tour, dans un placard.

– Tu es devin ?

– Non, je suis ! Quand on affuble les sœurs de costumes aussi ridicules dans nos pays, tu ne peux pas

1. Anges.

espérer de ceux qui en imposent le port une largesse d'esprit. Réfugie-toi dans le Divin Soi, laisse ratiociner l'archevêque, laisse-le douter de toi, laisse tes sœurs jalouser ton désir et fais comme si tu ne faisais pas. Va prendre ton désert dans les taudis et les ruelles infectes, va jusqu'au plus profond de l'abîme pour y poser la lumière. Les ténèbres ne s'effacent qu'avec une étincelle de lumière. Tu es cette étincelle, tu es cette petite flamme qui déliera le karma des intouchables. Ta présence sera celle d'une Mère, elle les fera renaître à eux-mêmes !

– Je ne sais rien de toi, mais je t'aime, sannyasi !

– C'est normal puisque tu es mon épouse !

– Comment cela ton épouse ?

– Tu veux être l'épouse du Christ, non ?

– Oui, mais tu n'es pas le Christ !

– Où est le Christ ?

– Au ciel !

– Où est le ciel ?

– Au-dedans de nous.

– Je suis, au-dedans de moi dans l'intériorité et l'immédiateté du Divin Soi ! Le Divin Soi qui a pour toi pris le nom de Jésus-Christ lorsque Dieu l'a envoyé parmi vous !

– Ton corps n'est pas celui du Christ !

– Qu'est-ce que le corps ? Je ne suis pas le corps !

– Ta sagesse m'inonde de joie.

– Alléluia ! Tu ne te bats plus avec ton ego, nous sommes égaux !

– Dieu t'entende !

– Il m'entend. Quand nous nous quitterons, ta décision sera prise de manière irrévocable ! Le Seigneur t'a à l'œil ! Alors, sois sans crainte ! Cette lettre viendra et puis encore une autre. Et puis encore d'autres pendant quelques années. Quand il se sera lassé d'écrire, il reconnaîtra ce que tu es. Plutôt, il reconnaîtra ce qu'il croit que tu es, car s'il savait qui tu es, il serait là avec nous en train de danser de joie, au lieu de se prendre la tête à deux mains... Une lettre n'a aucun souffle, aucune vie, elle n'est qu'un signe de reconnaissance, elle ne véhicule que du mental.

– Tu me projettes en avant, tu es incroyable.

– Ce qui est incroyable, c'est que tu penses que ce soit incroyable ! C'est peut-être cette coiffe amidonnée qui t'empêche de croire !

– Mais je crois !

– En quoi ?

– En Dieu.

– Qu'est-ce que Dieu ? Le Dieu religion, le Dieu roupie, le Dieu pouvoir, le Dieu séduction, le Dieu dollar ?

– Je Suis la soif !

– Dieu soit loué ! Dis-moi la vérité, cet habit anglais que tu portes, ne te démange-t-il pas un peu ?...

– Pour te dire la vérité, oui !

Ils se mettent à rire en se tapant dans les mains. Le crépuscule les enveloppe d'une tendresse mordorée. Teresa se sent heureuse. Elle éprouve en elle comme une évidence, un éveil.

L'intimité de l'Inde se manifeste à elle par le sannyasi. Elle voulait être indienne, et voilà que sous le banian, elle en reçoit l'identité. Elle vivait ici depuis près de vingt ans sans avoir fait le lien entre son être et l'âme de ce peuple et voilà que le sannyasi opère la suture.

Elle se sent immergée dans la spiritualité pérenne de l'Inde dans un souffle chaud, au-delà des formes, des rites et des divinités. Elle touche le cœur de l'âme de ce peuple, elle l'épouse et se surprend à dire :

– Ami Baratter Bharat Amar, je suis indienne et l'Inde est mienne !

– Acha ! Acha ! (Dieu merci) ! s'écrie le sannyasi.

Il se met à chanter une mélodie qui bouleverse Teresa, il chante, chante et tourne sur lui-même. Il reprend dans sa chanson les propres mots de Teresa : « Ami Baratter Bharat Amar ! »

Elle le regarde avec une délectation angélique, comme si le sannyasi l'entraînait au paradis. Bien plus qu'au paradis, elle se sent être infiniment, comme dans le train de Darjeeling. Elle ne se demande pas si cette grâce va durer, elle en goûte le fruit unique dans le regard du moine ivre d'Absolu.

Le chant s'arrête. Le sannyasi se prépare à partir. Teresa le comprend. Elle ne dit plus rien. Ils se regardent encore une fois. Teresa joint ses deux mains au centre de sa poitrine pour former le namasté et dit :

– Acha !

– Acha.

– Je Suis la soif !

– Je Suis la soif !

– Sister, ce nom est ton mantra ! Il est terrible. Quand les soldats sont venus arrêter Jésus dans le jardin de la montée des Oliviers, il leur a dit : « Qui cherchez-vous ? », ils ont répondu : « Jésus le Nazaréen », il leur a dit : « Je Suis » et quand ils ont entendu le Nom, les soldats sont tombés à la renverse.

– Je ne comprends pas !

– Sister, il ne sert à rien de comprendre, ton Seigneur a montré qu'on ne pouvait pas prendre sa vie, il l'a donnée ! Tu sais ce qu'il te reste à faire

– Je Suis la soif !

– Acha !

Ils demeurent encore côte à côte. Le langage muet de leur cœur à cœur vaut tous les langages. Toute conversation doit finir dans le silence, pense-t-elle. Le silence est l'accomplissement le plus élevé, l'état qui transcende la parole et la pensée.

Le sannyasi disparaît aussi mystérieusement qu'il est venu. Teresa touche sa coiffe, et appréhende la lourdeur de son habit.

Elle regagne le couvent.

Dans sa chambre, elle reprend sa plume et écrit une nouvelle fois à l'archevêque : « Je sais que si le travail dont je vous ai parlé venait à commencer, il y aurait beaucoup d'humiliations, de solitude et de souffrances pour moi. Mais Notre Seigneur ne cesse de m'appeler, je suis à Lui maintenant…. »

La rumeur de la ville caresse le cœur brûlant de Teresa.

Elle pose sa plume pour l'écouter profondément, elle inspire en fermant les yeux :

– Acha !

Était-ce un rêve ?

6

Calcutta, le 14 juin 1947

Céleste rentre fourbu d'un bref séjour en Europe pour le chapitre de sa congrégation. Il éprouve comme un trouble. Une traînée noire a traversé le ciel de l'Occident, comme si quelque chose s'était perdu. Un mal être. Une confusion. Les regards croisés à Bruxelles débordaient de peur. Une angoisse. La guerre ? Le nazisme ? Le mal. Céleste vivait depuis longtemps à Calcutta. À chaque voyage qu'il faisait dans son pays, il semblait que le monde européen se délitait davantage. Le sens de l'être se noyait dans une course effrénée à l'argent et au pouvoir. La guerre cette fois avait commis l'irréparable. En exterminant le peuple des dix commandements, n'était-ce pas Dieu que l'on cherchait à éliminer ?

Les conversations avec ses confrères jésuites ne l'avaient guère convaincu. Sa naïveté lui soufflait à l'oreille que la main de Dieu se retirait comme la mer après l'orage. Un malaise. La crise du monde moderne ?

Ces longues années passées en Inde l'avaient plus que transformé. Une palingénésie. Son être avait pris des couleurs.

Quelque chose de plénier.

L'ample.

L'ouvert.

L'Inde malgré ses misères inhumaines respirait l'épanouissement de l'être. Et Céleste en avait profité.

En se dirigeant vers l'archevêché de Calcutta, il repense à son vieil ami d'enfance, sourd et muet. Le dernier jour à Bruxelles, Ignace Deckers lui avait fait comprendre en le quittant que l'Inde le rendait beau. Céleste avait souri.

La beauté est au-delà de l'apparence. Ignace avait touché l'essentiel de Céleste. Ignace avait perçu l'indicible part de lui-même. Une éclaboussure du divin qui l'affleurait, qui le recouvrait dans ce Bengale, sa patrie véritable, clairière de l'unique patrie. Et puis, il y avait quelque chose de Teresa.

Ignace avait deviné dans le regard de Céleste le reflet du visage de Teresa. Céleste avait rougi, comme un enfant. Teresa l'Indienne. Teresa la Bengali. Teresa de Calcutta, l'ange des bustee. Ignace s'était émerveillé. Il avait dit avec ses mains : « L'amour existe, alors ? »

Céleste avait serré son vieil ami dans ses bras pour cacher ses larmes. Ils s'étaient quittés dans un parfum mêlé de miel et d'âcreté.

L'amour. Ignace. Teresa.

Ignace en pleurs lui avait fait comprendre qu'ils ne se quittaient jamais. Il lui avait dit avec ses mains :

– À tout à l'heure, Céleste.

– À tout à l'heure…

Peut-être qu'ils ne se reverraient plus, mais ils étaient sans cesse présents l'un à l'autre, au-delà des temps.

L'avion.

Le premier vol. L'avion rend tout plus proche, plus rapide, il change le temps et l'espace.

En le regardant s'envoler, Ignace cloué au sol de son silence, aimait et espérait.

Céleste aime, mais il sait qu'il est impossible d'aimer comme Teresa. Qui peut aimer dans cette conformité totale à l'amour gratuit de Dieu ?

Est-il digne de l'accompagner ? Est-il digne d'avoir sa confiance ?

La confiance.

Le murmure du doute, le souffle de l'hésitation. La confiance pour délier un fil, pour trancher une corde…

Est-il digne ?

D'un sourire, il efface ses pensées inutiles, lorsque le jeune prêtre secrétaire de l'archevêque de Calcutta l'invite à entrer.

– Céleste, quelle joie de vous revoir parmi nous !

– Monseigneur, j'en profite pour vous présenter les hommages de nos confrères belges et de leur supérieur.

– À la bonne heure. Que me vaut votre visite ?

– Teresa.

– Encore ! Je croyais pourtant avoir été clair.

– Je comprends votre prudence et votre réserve, mais je ne peux pas m'y résoudre.

– Céleste, vous savez que je suis l'archevêque.

– Je ne l'oublie pas Monseigneur, mais vous êtes également mon confrère, nous sommes membres de la Compagnie de Jésus…

– Je ne vois pas ce que cela peut avoir à faire avec le cas Teresa.

– L'intelligence de la situation.

– Céleste ! Serait-ce de la rébellion mal contenue ? Je ne vous reconnais pas, mon cher confrère. Notre Compagnie est très stricte sur l'obéissance et le respect du supérieur hiérarchique ! Avec toute la fraternelle sympathie que je vous porte, je ne puis accepter ce manquement, Céleste ! J'ose croire que votre affection pour Teresa vous égare.

– Monseigneur, vous vous méprenez. L'intelligence dont je parle est l'*intus legere*, la lecture intérieure des événements, je ne me permettrais pas d'aller au-delà…

– Vous l'avez fait, Céleste !

– Monseigneur ! Je ne vous permets pas de le penser !

– Vous êtes suffisamment roublard pour vous rattraper en faisant de l'étymologie de potache !

– Je suis blessé par votre réaction.

– N'en parlons plus.

– Soit !

– Votre Teresa m'inquiète. Elle a un fort tempérament et il m'est difficile de voir la part de Dieu dans tout ça.

– Tout ça n'est pas rien Monseigneur, tout ça a un nom…

– Un nom ?

– Oui un nom !

– Je ne vous suis pas, Céleste.

– L'Amour, Monseigneur, l'Amour du Christ totalement offert. L'appel de Teresa a quelque chose à voir avec la Passion du Seigneur, avec le don de sa vie pour les plus pauvres, avec l'agapê de la Croix !

– Laissez, je vous prie, la mystique aux mystiques. Il s'agit de l'Église. Teresa s'engage sur un chemin tortueux, ambitieux et provocateur dans le contexte politique social et religieux actuel. Vous n'êtes pas sans connaître les tensions communalistes, non ?

– Depuis les temps du Christ, les contextes sont toujours les mêmes. Dès que l'on vit de Lui, l'on paraît ambitieux ou provocateur. Je ne vois rien dans l'appel de Teresa qui soit contraire à la tradition de l'Église et qui puisse provoquer des émeutes dans la société indienne. J'ajouterai même qu'elle a une mission particulièrement universelle et un apostolat prophétique.

– Vous perdez pied, Céleste. Des bonnes sœurs de cet acabit, j'en ai croisé dans ma vie et je les ai vite remises à leur place. Elle est religieuse d'une congrégation importante, qu'elle y reste et qu'elle y déploie toute son énergie, et ses ardeurs se calmeront !

– Je ne suis pas d'accord, Ferdinand !

– Céleste, vous parlez à l'archevêque !

– Tu as été novice avec moi, et nous sommes frères dans le Christ.

– Mais…

– Ce que je vais te dire ne va pas te faire plaisir. Tu n'as pas le droit au nom de l'Église de faire passer tes atermoiements et tes manques pour paroles d'Évangile. Nous sommes en présence d'une personne au charisme exceptionnel, qui au demeurant est d'une droiture impressionnante et qui agit, non pas par ambition ou par soif de pouvoir, mais par amour, par don gratuit d'elle-même. Son appel est authentique et ton propre discernement n'y pourra rien changer !

– Céleste, vous allez trop loin, que vous me rappeliez la proximité que nous avons pu avoir avant mes nouvelles responsabilités passe encore, mais que vous mettiez en cause l'intégrité de mon jugement, cela dépasse les limites de la convenance…

– Ferdinand, arrête. Ne joue pas à l'hiérarque. Teresa cache derrière son visage, le visage du Christ. Et tout archevêque que tu es, c'est au Christ que tu auras à rendre compte. L'Église t'oubliera, Teresa restera dans la mémoire pour des siècles !

– Je n'ai aucune raison de te croire, Céleste.

– Tu en as une.

– Laquelle ?

– C'est que je suis jésuite comme toi.

– Je n'y avais pas pensé… Cependant, il y a chez elle quelque chose de mystique que ma raison répugne à intégrer.

– Teresa n'est pas une intellectuelle. L'amour résonne, il ne se raisonne pas.

– Je vais y réfléchir…

– C'est tout réfléchi ! Il faut y aller…

– Mais…

– Voilà six mois qu'elle attend un signe de toi…

– Mais…

– Écrivez-lui Monseigneur. Et couvrez-la, vous n'aurez pas à le regretter. Bien le bonsoir Monseigneur.

Céleste sort en sifflotant. Il met la main dans la poche de sa soutane blanche, elle contenait une lettre d'Ignace et un billet de Teresa.

– Ces deux-là font la paire ! dit-il à haute voix.

Ignace lui demande de transmettre son amitié à Teresa. Si seulement l'archevêque avait le cœur d'Ignace ? Céleste s'en va d'un pas confiant vers Entally.

C'est peut-être aujourd'hui que tout commence.

7

Calcutta, le 4 septembre 1947

La barbarie secoue une nouvelle fois la ville. Teresa sensible au moindre coup de vent est troublée par cette nouvelle crise.

Hindous et musulmans assoiffés de réparation se dressent les uns contre les autres comme deux tigres aveugles.

Pour Teresa, chacun, quelle que soit sa ligne de mire, doit tâcher d'être bon. Chacun, quelle que soit son approche de Dieu, doit être conciliant et aimant envers tous. Chacun doit s'engager à servir l'autre, car en servant l'autre, c'est Dieu que l'on sert. Hindou ou musulman, musulman ou hindou ! Dieu ne peut être servi que dans un esprit de consécration et non d'affrontement. L'être de Teresa est à fleur de peau.

Une élève ce matin lui a dit que Gandhi était en ville.

La situation est écrasante. Teresa ressent la déchirure de Calcutta physiquement, comme si quelque chose l'écartelait, la divisait. Une douleur indéchiffrable. Elle brûle de partir, de courir vers le bustee, de courir près des mosquées, près des Temples et de tenter l'impossible pour empêcher le pire.

Elle veut pouvoir crier qu'on ne s'entre-tue pas au nom de Dieu. Qui que ce soit que vous haïssiez, vous ne haïssez que votre propre Seigneur ! Dieu est dans l'univers entier, dans toutes les formes, dans tous les modes d'être. Tous les noms sont ses noms !

Une élève lui fait abandonner sa méditation :

– La Mère Supérieure vous invite à la rejoindre au parloir.

Teresa résiste à l'idée d'avoir à discuter encore avec sa Supérieure sur son devenir. Depuis son retour de Darjeeling leur rapport manque d'aménité. Une opposition sourde, une inertie, un divorce de fond.

En entrant au parloir, Teresa reconnaît Manu, la petite-nièce de Gandhi qui avait fréquenté St Mary's School quelques années auparavant.

Teresa, agréablement surprise, sourit à Manu qui dit :

– Je viens chercher votre prière. Le Mahatma Gandhi est ici près de Balighat, il a entrepris un jeûne, après les brutalités d'avant hier. Comme je lui demandais ce qu'il allait prendre pour le repas du soir, il m'a dit : « C'est impossible pour moi de manger dans ces conditions. Il n'y a pas de fin à la folie humaine. C'est pourquoi l'homme doit souffrir. Vous ne devez préparer aucune nourriture pour moi à partir de demain. Je réussirai ou je mourrai. Je ne peux que mourir si la paix ne vient pas. »

– Le courage de votre oncle m'impressionne, dit la Supérieure !

– Notre prière lui est acquise ! confirme Teresa, cependant nous devrons l'assortir d'un jeûne.

– Ma sœur, nous ne faisons pas de politique. Le jeûne du Mahatma est pour raison politique. Nous ne saurions le prendre en compte, tranche la Supérieure.

– Mais il jeûne pour la paix ! réplique Teresa. Il jeûne pour l'Inde, pour l'État de l'Inde !

– C'est un jeûne politique ! reprend âprement la Supérieure.

– Permettez-moi ma Mère d'éclairer votre opinion sur la nature particulière de ce jeûne. Il s'agit pour mon oncle d'obtenir une réconciliation entre les musulmans et les hindous, il a dit : « Dieu me sauvera s'Il veut utiliser mon corps dans ce monde. » Hier au soir, il a déclaré à un groupe d'hindous armés et violents qui venaient lui demander d'arrêter le jeûne : « Vous devez aller chez les musulmans et leur offrir vos services. Je n'arrêterai mon jeûne que lorsque je saurai que vous ne les agresserez plus ! »

– C'est magnifique ! s'exclame Teresa. Comme Gandhi, tout homme devrait agir sans croire qu'il est lui-même l'auteur de ses actes.

Teresa regarde vers la fenêtre qui donne sur le parc. L'attitude de Gandhi éveille en elle l'amour de Dieu. Comme si elle était lui !

Elle repense à l'appel, à la splendeur de la lumière, au silence des cimes, à la tendresse de l'Être divin. Elle s'impatiente de donner sa vie entièrement comme Gandhi le fait par ce combat subtil.

Elle est comme lui. Elle veut jeûner avec lui comme si ce jeûne était le sien.

L'attitude de la Supérieure l'exaspère. Pourquoi l'avoir convoquée à cette rencontre, alors qu'elles ne partagent pas le même avis sur la vocation même de Teresa ?

Pourquoi la Supérieure lui demande-t-elle un conseil que d'avance elle contredit ?

Teresa pense qu'il vaut mieux ne pas affronter sa Supérieure sur ce terrain-là. Leur différend sur son appel est assez encombrant pour ne pas alourdir le climat.

Elle ressent dans les propos de Manu comme une réponse, un écho propice, une manière de concrétiser l'appel des pauvres. Une ouverture.

Un signe ?

Elle sait l'Inde étincelante de foi et de croyances contradictoires, elle sait l'Inde riche des différences religieuses, elle sait l'Inde assoiffée d'absolu. Elle sait que Gandhi révèle quelque chose de l'être intérieur de ce peuple.

Teresa ferme les yeux, appuyant sa tête contre le montant de la fenêtre. Elle est Gandhi. Elle sent le picotement de la faim dans ses entrailles. Elle sent le deuil qui assombrit son regard, le deuil de l'Inde qui voit ses enfants s'entre-tuer…

Elle est Gandhi. Elle dit avec lui : « Allez servir vos ennemis ! Allez les aimer ! Posez vos armes ! »

Elle est Gandhi.

Manu observe Teresa. Elle se lève et la rejoint près de la fenêtre ; ne s'adressant qu'à elle, elle dit :

– Sister, vous comprenez mon oncle dans toute sa profondeur et dans sa richesse, merci.

Teresa, sans craindre la réaction de sa Supérieure, répond :

– Je suis indienne et le Mahatma est mon frère. Dieu le tient dans sa grâce et je suis sûre qu'il réussira. Dites-lui qu'une petite sœur de rien du tout prie et jeûne avec lui, pour que les cœurs des musulmans et des hindous s'apaisent et qu'ils puissent, en étant meilleurs, se respecter et s'aimer tels qu'ils sont dans leurs différences et dans leurs croyances. Dieu ne s'enferme pas dans une idée que l'on défend avec un fusil, Dieu est amour infini !

– Cela n'engage que vous Sister Teresa ! reprend sèchement la Supérieure. Notre Église ne saurait soutenir de tels propos. Notre Seigneur Jésus-Christ est notre Sauveur et nous ne saurions faire de confusion entre Allah, Brahmâ, Krishna et le Père de Notre Seigneur ! Quant à moi, je pense que l'unité de l'Inde ne pourra se faire que si tous professent que Jésus-Christ est le Fils de Dieu et le seul Sauveur des hommes. Cependant Manu, vous pouvez assurer à votre oncle la prière du couvent. Nous aurons une intention particulière pour lui.

Manu s'incline et sort. Avant de franchir la porte, elle se précipite vers Teresa et l'embrasse.

8

Calcutta, le 29 janvier 1948

Teresa longe la rive gauche du Gange en portant un demi-sac de riz sur l'épaule.. Elle se dirige vers le Mahabodi[1].

Par une de ses anciennes élèves, elle y connaît une famille ruinée par les émeutes de septembre. Elle peine à marcher sous le poids d'au moins cinquante livres. Les regards la transpercent à chaque pas. La proclamation de l'Indépendance de l'Inde, le 15 août dernier, n'a pas retiré la chape de violence qui recouvre la ville. La défiance est partout.

Qui est cette sœur européenne en habit empesé dans ce quartier intégralement hindou ?

Des enfants l'insultent en passant. Teresa porte son demi-sac de riz, sans rien dire, comme si l'affront glissait sur le goni[2].

---

1. Temple principal de Calcutta.
2. Sac de jute.

Elle avance, droit devant elle.

La déchirure des hommes s'inscrit sur toute chose. Une inquiétude, une douleur, un écrasement.

Elle arrive devant la petite maison basse 8, Red lane. Une vieille dame l'attend. Elle entre.

Dans la pénombre de la pièce principale, une jeune fille, la tête baissée, est assise à même le sol.

La vieille dame aide Teresa à poser le demi-sac de riz.

– Merci, Sister. Dieu vous le rendra. Ils ont pillé tout ce qu'il me restait. Nous habitions une maison princière de l'autre côté du Temple face au Gange… Je ne peux même pas vous donner un anna[1] pour vos œuvres, Sister, je suis confuse.

– Je n'ai pas besoin de récompense.

– Toute notre famille a péri dans ces violences, mon fils…

– Je sais. Quelque chose s'est brisé, il faudra du temps maintenant pour que la paix revienne.

– C'est la misère, Sister. Je n'avais jamais connu la misère ! Nous appartenons à la caste des Brahmanes et nous avons été dépouillés de tout. Que Dieu ait pitié de nous !

– Dieu l'a permis, Acha !

– Non, Sister, la bestialité des hommes est plus forte que la volonté de Dieu.

– Peut-être…

– Notre orgueil se dresse contre Dieu, notre égoïsme nous coupe de lui et nous créons des mondes à nous, irréels et inconsistants… Et puis quand tout s'écroule, c'est la désolation. Sister, c'est la désolation. Qu'ai-je

1. Centime de roupie.

donc fait Seigneur pour me retrouver si seule, sans un seul domestique ! Je ne peux même pas vous offrir une tasse de thé.

– Je n'ai besoin de rien. Je suis venue pour vous servir. L'Inde vit un moment particulier.

– Les musulmans sont des monstres.

– Vous n'avez pas le droit de dire ça. Les musulmans veulent faire reconnaître leurs droits, c'est comme le jeune enfant qui crie jusqu'à ce qu'on fasse attention à lui.

– C'est le Kali Yuga[1] ! L'âge sombre, les forces inférieures remontent à la surface et pourrissent les âmes !

– Dieu aime sa création, y compris les musulmans et les intouchables !

– Ne me parlez pas de malheur ! Les intouchables ! Il faudrait purifier notre bouche pour avoir prononcé ce mot.

Elle va près d'un petit autel où brûle une vasque d'encens. Elle allume une flamme et se purifie les mains et le visage. Elle invite Teresa à l'imiter. Teresa ne bronche pas et lui dit :

– Le Christ a donné sa vie pour les intouchables. Leur nom est pour moi un mot d'amour de Dieu !

– Je ne peux pas accepter ce que vous dites, Sister.

– Nous sommes dans une période de mélange, de brassage des populations, nous sommes en marche vers une sorte de récapitulation des formes de l'histoire.

– Ce que vous dites est une horreur ! Parlez plutôt d'invasion de barbares et de désastre.

1. Dernier cycle de la manifestation divine avant la fin des temps. L'âge de fer.

– Le Christ qui est mon Dieu est venu pour ces barbares.

– Sister, nous sommes la caste supérieure, nous détenons la connaissance pérenne, le Sanatâna Dharma[1] de l'humanité ! Ce monde est en train de nous détruire et tout partira en fumée !

– Ne soyez pas aussi catégorique. La fin des temps comme nous disons, nous, les chrétiens, n'est pas la fin du monde ! C'est un passage, un retour vers le divin. Alors, ce que nous sommes matériellement est tout à fait relatif. Ce que vous êtes est plus que ce que vous avez, même si votre avoir est la Connaissance.

– Sister, vous ne comprenez pas ce que je veux dire. Vous êtes très généreuse et votre compassion vous aveugle quelque peu. Les hommes inférieurs sont en train de prendre le pouvoir. Ce furent d'abord les marchands, qui nous ont inondés de marchandises et d'objets inutiles. Maintenant avec les communistes et les musulmans, ce sont les hors castes, les intouchables qui prennent le pouvoir. Ce Gandhi est un fantoche à la solde des Anglais et des Shudras[2] ! Vous verrez, dans cinquante ans le monde appartiendra au diable, rongé par la vermine du sexe et de l'argent.

– Ne soyez pas aussi négative. Le cœur de l'homme est capable de Dieu, quelles que soient sa naissance et ses conditions d'existence. Qu'il soit shudra, intouchable ou Brahmane !

– Si vous saviez ce qui m'arrive vous ne parleriez pas de la sorte.

1. Loi de la Sagesse Pérenne.
2. Serviteurs.

La vieille dame se met à pleurer convulsivement, la jeune fille qui n'avait rien dit, se lève et vient la consoler.

Teresa se tait.

La vieille dame va une nouvelle fois vers le petit autel et prie en se purifiant avec la flamme qu'elle avait allumée tout à l'heure. La jeune fille l'imite. Elle regarde Teresa comme pour l'inviter à venir toucher le feu.

– Nous avons besoin de pureté, Sister. Les asuras, les démons sont partout !

– Dieu protège ceux qui l'aiment !

– Sister, ils ont violé ma petite-fille, elle a un monstre dans son ventre.

– Je ne comprends pas ?

– Sister, non seulement, ils ont tué ma fille, mon mari, mon gendre et mes trois garçons, ils ont aussi violé la fille de ma fille, Chamba !

– Qui ?

– Les musulmans !

– En êtes-vous sûre ?

– Qui voulez-vous que ce soit, ces barbares sont capables de tout !

– Les hommes qui ont fait ça, n'ont peut-être rien de musulman !

– Sister, ils avaient un turban !

– Ce n'est pas le turban qui fait le musulman ! réplique sèchement Teresa.

– Sister, votre bonté vous perdra.

– Je sais la douleur que vous ressentez mais il ne faut pas la transformer en haine. Les avez-vous vus ? questionne Teresa.

– Non, je n'étais pas là, des témoins m'ont rapporté les faits. Je suis assoiffée de vengeance.

– Il ne faut pas accuser sans savoir précisément…

– Je ne peux pas faire autrement, c'est ma seule voie de salut !

– La violence est passée, l'Inde va se reconstruire maintenant. Les enfants comme celui qui est dans le sein de Chamba en portent l'Espérance ! explique Teresa.

– Taisez-vous ! Sister, le ventre de Chamba cache un monstre ! Nous allons l'avorter.

– Comment pouvez-vous dire une chose pareille !

– Cette chose a poussé par un viol ! Jamais une fille Brahmine n'accouchera d'un monstre, plutôt la mort !

– Cet enfant est un être humain, il est une personne humaine. Le tuer, c'est commettre un sacrilège, c'est toucher à Dieu ! s'insurge Teresa.

– Dieu ne veut pas de monstres. Cette chose dans son ventre est le fruit de la dépravation des hommes !

– Dieu l'aime !

– Sister, votre faiblesse vous égare. Cet avorton ne vivra pas, nous allons faire le nécessaire.

– Dans le ventre de Chamba, un être entend ce que vous dites, il entend vos menaces de mort, il entend votre violence et il tremble, impuissant et fragile ! Donnez-le-moi ! Chamba donne-le-moi, je vais l'aimer !

– Sister, vous perdez la tête, cet avorton est un démon. Il n'y a pas lieu de s'en soucier !

– Il a la beauté des anges, la pureté des chérubins. Le Christ a été lui aussi dans le ventre de sa Noble Mère, il a tremblé quand sa mère tremblait, il a eu soif quand elle avait soif, il a eu chaud quand elle était heureuse. Dans le ventre de Chamba, il y a une merveille, un sourire tout neuf, un babillage, un regard, une main qui s'entrouvre, il y a le visage de Dieu.

– Les chrétiens ne comprennent rien à la vie. C'est pour cela que le Christ s'est laissé tuer comme un agneau. Ce que vous demandez est impossible.

– Rien n'est impossible quand il s'agit de la vie. Laissez-le-moi.

– Encore une fois non ! Sister !

– Écoutez, Chamba n'a qu'à venir avec moi, je vais l'emmener dans un endroit secret jusqu'à l'accouchement et nous nous occuperons de l'enfant.

La vieille dame prend sa tête entre ses mains. Chamba en pleurant se laisse tomber par terre.

Teresa se demande si la vieille dame dit vrai sur l'origine de la paternité de l'enfant.

Une pensée effleure son esprit. Et si Chamba était amoureuse d'un hors caste ? L'attitude de Chamba trahit une souffrance particulière, non pas celle d'une victime, mais d'une femme opprimée, rejetée, prisonnière de l'interdit ou du tabou…

Chamba se redresse et contre toute attente elle dit :

– Sister, emmenez-moi avec vous !

– Chamba tu n'y penses pas ! s'écrie la vieille dame en se redressant sévèrement.

– Sister, par pitié emmenez-moi loin d'ici ! crie Chamba.

– Vous ne pouvez pas lui interdire d'accepter la proposition que je lui ai faite, supplie Teresa

– Sister, si elle part avec vous, ces barbares vont la retrouver.

– Cela n'a pas l'air de l'effrayer ! répond Teresa.

– Je vous interdis de parler ainsi ! Ce ne sont pas vos affaires. Chamba n'est pas n'importe qui.

– Sister vite, allons-nous-en ! s'empresse Chamba.

Sans plus attendre Teresa prend la main de Chamba et d'un bond elles sortent de la maison. Elles courent sous les vociférations et les menaces de la vieille dame. Sur la rive du Gange, elles s'arrêtent et s'assoient sur un banc. Teresa regarde au loin vers le Delta qu'elle devine aux confins du Bengale.

– Il est si beau que ça ton amoureux ?

– Sister, comment vous savez ?

– Tes yeux m'ont raconté l'histoire.

– Sister, il est beau comme Nala !

– Tu es belle comme Damayanti !

– Mais, c'est un pauvre, un hors caste ! Grand-mère est devenue folle quand je lui ai dit que je portais le fruit de notre amour !

– Tu aurais accepté de le tuer ?

– Peut-être que je n'avais pas le choix !

– Le seul choix, c'est l'amour ! Le seul choix, c'est la vie !

– Mais dans le contexte d'ici, je ne pouvais pas laisser grand-mère, c'est notre Mère, et mes parents sont morts dans les émeutes de septembre…

– Tu m'as suivie… Pourquoi ?

– Parce que vous êtes une Mère, Sister. J'aimerais que ce soit un garçon.

Teresa pose sa main sur la rondeur du petit ventre de Chamba. Elle épouse la forme de l'enfant.

Elle sent son être, elle caresse la fragilité de son souffle. Elle touche son frémissement derrière la paroi de la chair.

Elle palpe la trajectoire de la vie de Dieu à Dieu, de l'amour à l'Amour. Elle frôle l'absolu.

– Même l'enfant fruit d'un viol est un être, il est une personne, dit Teresa tendrement.

– Sister vous avez raison ! Les hindous disent que tout karma doit s'accomplir, ce n'est pas à nous d'en décider. Le viol permet peut-être à un être d'avoir sa chance…

Teresa pose son oreille sur le ventre de Chamba. Elle entend le ruissellement des fontaines du paradis, le battement des ailes des anges…

– Merci Chamba.

– Sister, parlez-moi encore…

Elles marchent le long du fleuve. Le soir tombe lentement. Une douceur particulière, une tendresse les enveloppent.

Chamba veut savoir le pourquoi, le comment, elle n'a que dix-sept ans. Teresa lui raconte les saisons de l'amour, le parfum des rencontres, le pollen du désir d'être ensemble et de semer pour que vienne le fruit.

Chamba veut tout aimer, tout partager, Teresa en lui pressant la main lui donne la patience.

Elles prennent la direction du couvent.

Un homme hirsute près de Park Circus s'en prend à Teresa brusquement :

– Ils l'ont tué ! Ils l'ont tué ! Sister, faites quelque chose, dites-le à votre Dieu, dites-Lui de venir réparer l'irréparable. Ils l'ont tué !

– De qui parles-tu ?
– Gandhi !
– Gandhi ? Mon Dieu !

Teresa pose la main sur le ventre de Chamba.

9

Calcutta, le 17 août 1948

Comme l'éclair qui court sur l'eau fait éclater les gros nuages noirs, la réponse tant entendue est arrivée, éclaircissant le ciel de Teresa. Le Vatican donnait son accord pour une ex-claustration[21]. L'archevêque qui souhaitait que Teresa soit sécularisée, privée de son état de religieuse, était déjugé.

Céleste, radieux, ne lui cache pas son contentement :

– Monseigneur, c'est une excellente nouvelle que tu me donnes. Teresa n'aura pas fait tout ce chemin pour rien.

– Le temps montrera que ma prudence n'était pas vaine.

– Ne sois pas amer, mon cher confrère, tout jésuite qui se respecte doit éprouver de la joie lorsqu'il permet une ouverture.

1. Condition d'un moine ou d'une moniale autorisés à vivre temporairement hors de leur couvent et provisoirement libérés de leurs engagements.

– Quelle ouverture ?
– Celle que Rome vient d'accorder à Teresa.
– Céleste, nous verrons ce que ta protégée sera capable de faire une fois livrée à elle-même. J'ai un an pour voir si son œuvre est de Dieu. Et j'en déciderai par moi-même. Si au terme de ces douze mois, elle ne me présente pas un projet rigoureux et précis, je la renverrai dans son couvent, et l'affaire sera classée sans suite !
– Teresa te surprendra !
– Tu n'es pas objectif, Céleste !
– Que Dieu te bénisse, Monseigneur !
– Je ne te raccompagne pas !

Céleste le cœur débordant de joie se dirige vers Motijhil, le bustee que Teresa a élu comme futur territoire.

Il regarde les taudis, les tôles rouillées, les cartons humides qui servent d'abris de fortune. Il se fraye un chemin au milieu des ordures… La décomposition de l'être. L'odeur fétide de la misère, âcre et sulfureuse.

Une étrange lueur enveloppe le quartier comme une mise à l'écart, un halo interdit. Une aire hors du monde.

Une aire hors du monde où le plus haut peut rencontrer le plus bas. Un point de rencontre définitif entre l'Absolu et la contingence relative. Un lieu comme un nœud gordien que l'amour peut trancher et libérer. Un lieu où le ciel est plus proche.

Le lieu de Teresa. Si chacun a son lieu, sa place sur la terre, ce lieu est bien celui de Teresa. Céleste sourit en l'évoquant, comme si ce lieu avait été préparé de toute éternité… Un lieu invisible, sans contours définis, sans plans, sans géographie.

Le Lieu de Teresa.

Des enfants s'agglutinent autour de lui. Les larmes aux yeux il leur dit :

– Il vous manque une Mère, il vous manque une tendresse ! Mes enfants, ces quelques roupies ne suffiront pas à apaiser vos soifs !

En fin d'après-midi, Céleste prend le chemin d'Entally, de St Mary's School, le collège de Teresa. Sister Rozario ouvre la porte.

– Bonjour, Père. On vous attend pour la messe !

– Excusez-moi, je suis un peu en retard.

– Vous n'êtes pas bien ?

– Non, ma sœur, je suis un peu tendu. Ce jour est particulier pour moi.

– Dans quel sens ?

– C'est personnel, ma sœur, c'est personnel.

– Vous devriez vous reposer père Céleste, vous en faites trop !

– Ce n'est rien en regard de ce qu'il y a à faire.

Une fois la messe dite, Céleste fait signe à Teresa de rester dans la chapelle.

Teresa frémit :

– Père, pardonnez-moi, ayez la gentillesse de m'accorder quelques minutes, avant de me dire ce que vous avez à me dire.

Teresa s'agenouille devant le tabernacle. Elle prie les yeux fermés. Son cœur est prêt à tout entendre, le pire comme le meilleur. Ces deux années passées à attendre l'ont creusée, sculptée, configurée à l'absolu du oui qu'elle a donné à Dieu.

Quelle que soit la nouvelle apportée par Céleste, elle sait que sa décision est ferme et définitive.

Une autre porte s'ouvre devant elle, plus étroite. Un autre mouvement se dessine, une autre façon de marcher, de parler, de regarder. Depuis l'Appel, elle n'est plus la même.

Rebelle ? Non. Obéissante. Elle ira jusqu'au bout.

Elle se relève en souriant :

– Je vous écoute Père Céleste.

– J'ai l'autorisation !

– La sécularisation ?

– Non, l'ex-claustration.

– Acha ! Dieu a permis !

– L'archevêque n'était pas des plus heureux, mais il a accepté en assortissant l'autorisation d'une période d'essai d'une année !

– Un petit noviciat.

– Teresa, c'est une grâce !

– Puis-je partir dès maintenant dans les taudis ?

– Évidemment.

– J'ai deux choses à vous demander auparavant. La première, c'est d'envoyer cette lettre à ma mère Drana, à Skopje, en y ajoutant un mot de votre main, pour lui expliquer mon Appel et lui confirmer que mes vœux restent intacts. Je ne veux pas qu'elle ait le moindre doute à ce sujet.

– Je me ferai une joie de vous obéir. Et la deuxième chose ?

– Il faut que vous m'accordiez encore un petit instant.

Teresa sort de la chapelle. Elle se précipite vers sa chambre, au passage elle demande à Mère du Cénacle d'aller l'attendre dans la chapelle avec le Père Céleste. Celle-ci, perplexe, lui dit :

– Que vous arrive-t-il, Sister ?
– Je vais vous expliquer.

Mère du Cénacle rejoint le père Céleste qui fait les cent pas :
– Que se passe-t-il mon Père ?
– De grandes choses ma Mère, de grandes choses !
– Je crois deviner.
Teresa revient essoufflée. Sur son bras pendent trois saris blancs, de ceux que portent les femmes pauvres du Bengale.
– Père, je voudrais qu'en présence de Mère du Cénacle vous bénissiez les vêtements que je porterai désormais.
– C'est donc fait ?
– Oui Mère, le père Céleste m'a apporté la lettre d'ex-claustration.

Mère du Cénacle s'agenouille et pleure toutes les larmes de son corps.
– Père…
– Que le Seigneur qui est Père, Fils et Saint Esprit bénisse ces vêtements. Qu'ils soient le signe de sa présence, de vos vœux et de l'Amour que vous porterez aux plus pauvres des pauvres, et que par eux, on vous reconnaisse comme son humble servante.

Teresa, sans hésiter un instant, se rend dans la sacristie et se dépouille de ses habits conventuels. Elle revient dans la chapelle vêtue comme une bengali.
Céleste, ému, s'agenouille puis en se relevant lui donne l'accolade. Mère du Cénacle sanglote encore.

Sans rajouter un mot, un petit balluchon sur le dos, Teresa sort par la petite porte de la sacristie qui donne directement dans la rue.

Le soir tombe sur Entally. Une douceur particulière étreint l'atmosphère.

Le Gange coule un peu plus loin, charriant des pétales de fleurs jetés par les dévots.

Une brise se lève, légère, elle se pose sur les épaules de Teresa qui se signe du signe de la croix. Elle s'en va droit devant, vers Motijhil. Canaan[1].

Elle part vers elle-même.

Elle s'éloigne sans se retourner, lentement, au rythme du soleil qui plonge progressivement dans la nuit. Sur le pas de la porte, Céleste la regarde. Une petite flamme.

Une petite flamme dans la tourmente…

Teresa sait qu'elle ne reviendra pas.

« Gonxhagjyli, mets ta main dans Sa main, marche seule avec Lui et ne regarde jamais plus derrière toi. Marche droit devant, car si tu te retournes, tu reviendras et tu tomberas. »

---

1. Terre promise des Hébreux dans la Bible.

10

Calcutta, Motjhil, le 29 décembre 1948

Le disloquement. La dislocation de l'être. Les rues de Motijhil s'enchevêtrent comme un corps disloqué jusqu'à l'effacement. Teresa se sent comme aspirée par une force centrifuge. Une force destructrice qui semble vouloir l'attirer hors d'elle-même. Hors de l'être, dans un non-lieu, une multiplicité défigurante, autre et autre, une division, une dualité.

Une dualité. C'est comme si Dieu avait une ombre. L'ombre de Dieu dans le bustee. Le disloquement.

Elle marche et s'enfonce dans l'errance. Elle ne sait pas où ses pas la conduisent. Elle marche. Les petites sœurs des pauvres de Charles de Foucault lui ont prêté un coin de leur maison pour la nuit, pour ne pas rester dehors.

Elle a faim. Elle a oublié les repas réguliers du couvent. Elle ne sait plus ce que c'est. Elle n'a pas la moindre pièce de monnaie. Son ventre lui fait mal. Céleste lui a donné quelques roupies qui ont servi à aider cette maman musulmane qui n'avait plus d'abri. Sa propriétaire avait enlevé le toit de son taudis parce qu'elle lui devait huit roupies de loyer. Teresa a payé.

La dualité. Le disloquement. L'être écartelé entre ce qu'il est en puissance et ce qu'il vit dans cette boue. Entre la richesse intérieure et la misère de sa condition. Entre son désir et sa pauvreté, entre l'infini et sa finitude. Motijhil est comme le cadavre de ce disloquement. La violence en a brûlé la poussière, l'âcreté de la cendre. Teresa parcourt ce lieu de l'ombre de Dieu, l'ombre défigurée de sa Beauté.

L'horrible y est presque beau, un fragment de la Beauté éclatée, disloquée. Une parcelle de mosaïque. Teresa s'arrête un instant devant un garçon infirme assis sur le couvercle d'une caisse de savon, les jambes mortes. Sa maigreur a exorbité ses yeux. Ils n'ont pas besoin de se parler. Elle lui sourit. Il tend la main. Elle n'a rien à lui donner. Elle lui fait signe d'attendre. Elle va au coin de la rue. Elle n'a plus rien. Rien. Elle se retourne comme pour lui demander un peu de patience.

Son cœur bat. Il ne lui reste plus qu'à mendier.

Elle doit mendier si elle veut que cet enfant puisse manger quelque chose.

Elle n'a jamais mendié.

La moiteur de midi ruisselle sur son visage. Elle est à l'extrémité de l'errance, au bout de sa dérive. Les mouvements de la rue l'ont ballottée comme une coquille de noix sur le Gange.

Il y a comme une honte qui l'enserre.

Elle n'a jamais mendié.

Elle a peur. Elle tremble.

Elle a toujours donné. Elle se raidit. Elle veut partir de ce coin de rue sordide. Mais quelque chose de plus profond la retient. Elle doit être comme le plus pauvre des pauvres. Elle doit accepter de perdre sa dignité. Elle doit mendier.

Mendier. Elle doit se tenir là dans le disloquement, dans cette dualité terrifiante, dans la violence du non-être…

Elle cherche en elle la force de l'ultime. La pauvreté de la Croix de son Dieu.

– Je Suis la Soif!

Sa main s'ouvre et se tend. Elle se balance légèrement d'avant en arrière et dans le souffle, imperceptiblement, elle murmure:

– Je Suis la Soif!

Elle se retourne pour regarder l'enfant infirme sur sa caisse à savon. Il s'est approché en s'aidant de ses bras. Il a dans ses mains deux vieux fers à repasser qui l'aident à s'arracher de l'inerte. Il l'observe. Il comprend. Il lui sourit.

– Je Suis la Soif!

Personne ne fait cas. Teresa s'angoisse. Elle se retourne encore. Elle n'a peut-être pas la technique. Elle n'est peut-être pas assez pauvre pour risquer tout dans cette main tendue, pour mettre en jeu le brin de souffle de sa vie, pour se dévoiler intégralement dans ce geste qui lui semble impossible à faire.

Elle se souvient des mendiants qu'elle a maintes fois rencontrés. Ils avaient tous la même attitude. Elle savait d'ailleurs discerner les vrais des faux. Les vrais semblaient lumineux, comme si un rayon de soleil les éclairait de l'intérieur, les faux, ceux qui en font profession, souriaient pour mieux voler la compassion.

Peut-être qu'elle n'est pas assez sincère. Elle sait qu'à l'extrémité de la limite il y a une porte de secours, qu'elle pourrait aller voir Céleste ou les petites sœurs et qu'elle obtiendrait une aide. Elle sait qu'elle n'a pas été jusqu'au bout, jusqu'au disloquement. Elle restait encore dans la normalité, dans la civilité. Elle ne peut pas être crédible, puisqu'elle n'est pas une vraie mendiante.

Sa main tremble, un sanglot l'envahit.

Elle n'est pas une vraie mendiante. Comment peut-elle prétendre aider les plus pauvres des pauvres, si elle n'est pas elle-même la plus pauvre des pauvres ?

Elle a peur. Son Dieu s'est fait pauvre et elle est si riche. Elle est si riche de pensées, de savoirs, de ruses, de ressources, d'idées. Elle n'est pas dépourvue. La pauvreté de son Dieu était clouée à la croix comme l'enfant sur son couvercle de bois.

Recevoir. Il est plus facile de donner que de recevoir. Pour recevoir, il faut être vide de tout et surtout de soi-même. Il est normal que personne ne lui donne rien dans sa main car sa main déborde.

Sa main est pleine d'elle-même, de religion, de charité, de culture, de règlements, de relations, de considérations... Sa main déborde au point qu'on ne peut rien déposer dedans...

Mendier, se dépouiller, se dévêtir, se disloquer... Pour recevoir, il ne faut plus rien avoir, il faut être intérieurement nu, sans aucune attache, sans aucun recours, sans avenir, sans passé. Il faut être à la merci du vent, à la merci de tout, dans la faiblesse même, absolue et irréversible.

Teresa les yeux fermés contemple son incapacité à recevoir. Son incapacité à ne rien désirer puisque le mendiant ne sait même plus ce que c'est que désirer, il est dans l'immédiat, dans l'instant permanent entre la vie et la mort, entre l'ombre et la lumière. Il est écartelé, cloué sur une croix.

Elle pleure.

– Vous êtes Teresa ?

– Je Suis la Soif.

– Plaît-il ?

Teresa se ressaisit.

– Que me voulez-vous ?

– Je m'appelle Alfred Gomes. Je suis un catholique de Baithak Khana. Le père Céleste m'a dit que je pourrais vous trouver par ici.

– Céleste ?

– Oui, il m'a dit que vous aviez besoin d'aide.

– Je ne sais pas de quoi j'ai besoin. Je ne sais même pas mendier. Je voulais pouvoir donner quelque chose à cet enfant, j'ai tendu la main et rien…

– Je suis là !

– Je n'ai même pas reçu un grain de riz dans ma main. Je ne suis pas assez…

– Mais je suis là ! Ce n'est pas un grain de riz que je vais vous donner mais des poignées et des poignées…

– Alors vous avez cru que je mendiais sincèrement ?

– Non seulement j'ai cru, mais vous m'avez fait verser une larme ! En vous voyant j'ai cru voir Notre Seigneur !

– Il faut faire quelque chose pour ce petit.

– Bien entendu, mais d'abord permettez-moi de vous proposer de venir chez nous à Creek Lane. Mon frère Michaël et moi nous avons décidé de mettre quelques pièces de notre maison à votre disposition. Le père

Céleste m'a dit que vous alliez bientôt avoir d'autres religieuses avec vous, alors il faut vous installer.

– Mais…

– Nous connaissons bien Motijhil, vous pourrez compter sur nous. Venez avec moi.

– Le petit ?

Alfred Gomes tend quelques pièces à l'enfant qui n'en croit pas ses yeux.

Sans rien ajouter Teresa emboîte le pas de monsieur Gomes. La réponse. Elle sourit.

– Vous croyez que je pourrais faire une bonne mendiante ?

– Je ne comprends pas votre question.

– Ce n'est pas grave.

Le corps de Teresa est douloureux comme s'il avait reçu des coups. Elle peine à marcher. Elle serre les dents et s'accroche aux longues enjambées de son donateur.

– J'ai su que vous aviez donné les roupies de Céleste à cette femme de Tiljala. C'est généreux mais on ne peut pas faire comme ça ! Il faut agir globalement, sinon c'est une goutte d'eau dans l'océan.

– Monsieur Gomes, la goutte d'eau peut changer l'océan.

11

Calcutta, le 11 février 1949

Les pluies torrentielles épousent les traits de son visage, le plissement des yeux, les rides creusées du front. Depuis plusieurs jours, Teresa n'a pas mangé. Elle marche dans Motijhil, scrutant les cahutes cassées, de part et d'autre d'une allée de détritus et de baraques au bois pourri par les embruns du Gange.

La pluie boueuse ruisselle sur tout son être, se mêlant aux larmes rougies par la douleur qui transperce ses membres. Une angoisse qui torture et qui détruit.

Que fait-elle dans ce quartier désolé, battu aux vents de l'oubli ?

Que fait-elle dans cet entêtement à vouloir chercher l'être le plus pauvre et l'aimer ?

Quel orgueil l'a mise là, dans ce cloaque inouï de latrines inondées, de boues, de puanteurs, d'horreurs, où l'ahan des rickshaws se confond aux bordées d'injures qu'elle peine à supporter ?

L'épuisement, la lassitude de l'impossible. Au milieu de la rue, elle s'arc-boute, cherchant un appui au plus profond d'elle-même.

– Ne me laisse pas Te renier Seigneur ! En moi, je n'ai plus rien de Toi !

Après un long silence, elle redresse lentement la tête et reprend sa marche. Elle va droit devant, tendue vers un but voilé par une bruine insaisissable. Elle sait qu'elle ne peut plus s'arrêter, plus se retourner. Elle ne peut que se courber, tenir et attendre une éclaircie.

Un peu plus loin, elle distingue une église qu'elle ne connaît pas. Elle entre et prie encore.

La gorge nouée, comme enserrée dans un de ces colliers de fer que l'on fixe autour du cou des esclaves, elle s'approche du prêtre qui se prépare à sortir.

– Mon Père !

– Que fais-tu ici ?

– Pourriez-vous…

– Tu mendies ?

– Pour les pauvres que je trouve…

– C'est interdit ici !

– Mais je suis…

– Déguerpis !

– Je suis religieuse !

– Sors, avant que je ne te mette dehors !

– Je suis…

Elle n'a pas le temps de finir sa phrase que le prêtre la reconduit brutalement dans la rue.

Il lui faut chercher en elle ses dernières forces pour ne pas s'écrouler comme un de ces misérables qu'elle a tant de fois cherché à consoler. Elle est anéantie, flouée par les courants contraires, errant au gré de la violence ordinaire.

La pluie et les bourrasques de vent l'entraînent à l'autre bout du quartier, au cœur du bustee.

Le soir commence à tomber. Elle ne sait plus où elle se trouve. Elle a l'impression d'avoir glissé dans un no man's land, dans un ailleurs fantomatique, un enfer inconnu. Hors de l'espace des hommes, hors de la cité, hors du réel.

Cependant elle résiste, elle tient debout. Elle se récupère peu à peu de la brutalité du prêtre. L'injustice lui blesse les épaules.

Elle essaye de comprendre. Il n'y a rien à comprendre.

La croix ?

La croix à l'intérieur tient toute la place. Elle n'a plus de sentiments, plus d'état d'âme, la cruauté a frappé son être, comme le fouet le Christ. Je Suis la Soif.

Il n'y a plus d'intervalle où se plaindre, son cœur est à vif comme un rubis.

Elle ravale un sanglot et se relève encore. Elle reprend son travail, sa raison d'être là. Elle ralentit son pas et scrute tout autour, à l'affût d'un silence.

Soudain, elle s'arrête. Elle se tend tout entière, saisissant une présence. Comme un chasseur, immobile, elle guette le murmure, le souffle, le soupir, elle épie à l'arrêt.

Chasseur d'être.

Elle se précipite vers un tas d'ordures. Elle remue des cartons mouillés, des planches pourries, quelqu'un est là.

– Mâ ! Mâ !

Teresa sort une enfant vêtue d'un sari violacé déchiré, trempée jusqu'aux os.

– Mâ ! Mâ !

Elle la traîne vers une sorte d'abri de tôle. L'enfant se cache le visage. Teresa comprend. La lèpre.

Elle s'agenouille et place la tête de l'enfant sur sa poitrine. Son cœur bat à tout rompre. L'eau l'inonde d'une incessante ablution. Elle reprend son souffle. L'enfant gémit toujours :

– Mâ ! Mâ !

Teresa ferme les yeux. La dureté la frôle comme l'aile d'un rapace. L'enfant n'a pas plus de douze ans. À ses pieds, une bassine en émail, ébréchée, répand son eau chaude et rouillée comme un ruisseau de pauvre. Le portrait demi-nu de Marilyn Monroe à la une de la couverture décolorée d'un magazine anglais flotte, dérisoire, sur la flaque croupie.

Aucune pensée ne peut jaillir dans cette extrémité de la vie humaine. L'être seul demeure, comme dépouillé de toutes circonstances, de toute appartenance. L'être seul est là, dans une respiration.

Teresa apaisée se balance lentement, d'avant en arrière. Elle murmure, elle chante. L'enfant répond, brûlante :

– Mâ ! Mâ !

Le temps n'a pas de prise sur elles. Le rythme du murmure et le balancement sont l'unique cadence, l'unique égrènement, leur unique réalité. Le temps ne tient pas l'être qu'elles sont, tout au plus, il l'enveloppe d'une peau d'infini...

– Mâ ! Mâ !

Teresa rouvre les yeux. Elle retire, avec une délicatesse de peintre, le voile qui masque le visage de l'enfant. L'enfant ne bouge pas. La lèpre a effacé les traits et les contours, les pommettes, les joues, le sourire et les ailes du nez. La lèpre, comme les siècles sur les fresques oubliées d'un sanctuaire éteint, a dévoré l'éclat sans prendre la lumière.

L'enfant chante toujours. Adoucie, elle se laisse faire, l'âme et le corps un instant réconciliés.

Teresa balbutie un sourire. La pluie épaisse les entoure comme une muraille, comme une mise à part, un lieu insaisissable. Comme quelquefois on isole un organe blessé pour le délier de l'étreinte du mal, un plant de vigne, pour le dénouer de son épuisement.

Il n'y a personne d'autre autour. Elles sont paradoxalement heureuses, dans l'immobilité de la souffrance pure.

L'enfant au visage défait rayonne de beauté. Teresa le lui dit tout bas, sans prononcer un mot.

Sa main rugueuse se polit en lui peignant les cheveux. Comme si ce geste l'affinait !

Elles échangent un long regard qui contient des univers entiers. Les prunelles de leurs yeux s'inondent de parfums et de tendresse, elles se reconnaissent dans un frémissement.

L'une est l'autre. Elles sont ensemble dans toute leur différence.

L'autre est l'une. Elles respirent. La pluie torrentielle pourrait les emporter sans qu'elles se quittent des yeux.

Le temps et l'espace n'ont aucune prise sur elles, aucune réalité tangible, dans l'enchevêtrement des détritus de la ville.

Teresa et l'enfant se retrouvent dans l'Être.

Leur origine distincte n'altère pas cette communion au-dessus des formes. La petite lépreuse ne sait rien de la foi qui stigmatise Teresa.

Aucune force humaine ne pourrait les retrancher de cette rencontre, aucune idée de Dieu.

Elles sont heureuses. L'immanence.

La nuit les contient, comme si elle les protégeait, de toute vue, de toute intrusion.

Teresa allume une bougie minuscule, une pointe de feu qui perce la chape de misère plombant le ciel de Motijhil. Une étincelle, à la merci d'un désespoir. La main de Teresa la protège. L'extinction.

L'extinction creuse en nous-mêmes la plénitude d'être, la plénitude de l'amour, allumant une étincelle divine.

Le souffle de la petite ladre se réfugie au creux de cette main. Une goutte de soleil. Teresa ne pense pas. Elle suit le tremblement de la flamme passagère. Elle la retient un peu. L'extinction.

L'extinction d'elle-même, de son «je» qu'elle n'est plus. Sans cet effacement, Teresa ne se creuserait pas jusqu'à cueillir la rose écorchée vive du cœur de cet enfant que la lèpre lentement essouffle.

La lèpre. C'est bien le mal du souffle. Le mal du respirer. Le mal de l'impossible étreinte. Le mal du chérissement.

La lèpre du dehors, la lèpre du dedans. Celle qui se voit mutilant les entours, celle qui se fait invisible, détruisant la conscience et l'amour.

– Mère ! Mère Teresa ?

Teresa n'entend pas. Une voix traverse le rideau de pluie.

– Mère ! Mère Teresa ?

L'enfant lépreux tourne les yeux vers la voix. Du milieu des détritus une jeune fille apparaît :

– Mère Teresa ?

– Qui me connaît ici ?

– C'est vous ?

– Qui es-tu mon enfant ?

– Subha !

– Subha ?

– Subhashini, vous ne me reconnaissez pas ?

– J'ai tellement douté…

– Vous n'êtes pas bien ? Vous avez dû prendre froid…

– J'ai tellement douté, mon enfant. Bien sûr que je te reconnais, tu étais ma meilleure élève. Je vis dans le bustee maintenant.

– Je sais, les Gomes me l'ont dit.

– Comment connais-tu les Gomes ?

– Je vous ai cherchée pendant des mois ! Quand j'ai appris que vous aviez quitté votre congrégation pour vous occuper des plus pauvres, quand j'ai su ce que vous faisiez, j'ai voulu vous suivre, et me voici !

Teresa se tait. Elle reprend son balancement. L'enfant lépreux chuchote imperceptiblement.

Subha s'approche un peu. Elle voit son visage. Subha se met à pleurer.

Teresa la regarde délicatement. Elle lève sa main d'un geste d'ange et caresse le front de l'enfant.

Derrière les trombes d'eau qui martèlent leur abri, une étrange lueur vient éclairer la nuit. Subha s'approche encore.

Elle se sent attirée comme par une danse. Cela lui semble irrésistible. Une danse intérieure, un mouvement de l'âme. Elle ne résiste pas. Elle s'abandonne à un désir qu'elle ne connaît pas. Un désir plus haut. L'intime et l'immédiat. Rien n'est à l'extérieur de soi.

Teresa la regarde de nouveau. Subha s'agenouille. Elle franchit l'apparence monstrueuse, la coquille purulente, la souffrance intolérable. Elle prend la main mutilée de l'enfant dans la sienne, le moignon fébrile de ses doigts, l'âcreté.

– Subha ! Regarde comme elle est belle !

En dépit de toute raison, elles choient l'enfant, sans peur de contagion, comme si leur geste inconsolé allait arrêter le mal. Elles ne sont plus soumises à l'usure du temps, elles vivent un présent, en amont de toute corruption. La compassion.

Elles touchent l'intérieur de l'enfant.

Teresa s'essuie le front, le visage dégoulinant de pluie et de sueur. Elle murmure des mots dans sa langue maternelle. Subha l'entend comme un chant. Elle comprend que ce moment porte l'empreinte de Dieu.

Teresa avait tant douté de son appel ! Le signe est là. Le baiser au lépreux.

Elle pose encore sa main sur le visage de l'enfant. Subha s'émerveille. Elles ont le sentiment que la face mutilée recouvre sa forme originelle. Elles contemplent l'impossible. L'ultime réalité…

Est-ce le miroir de Dieu ? Ce visage remodelé n'est-il pas celui du Christ qu'elles vénèrent ?

Le transfiguré.

Subha regarde Teresa qui ne bouge pas. Tout est dit.

D'autres yeux auraient-ils vu la lèpre s'effacer, le visage se reconstituer comme une photographie recomposée ?

Leurs trois sourires ne font qu'un. Leurs trois visages n'en forment qu'un. Elles n'ont plus peur, elles n'ont plus froid, dans un frémissement indicible, elles sont.

Sur la terre putride de Motijhil, il n'y a pas de miracle visible à l'œil nu. La pourriture gangrène tout. Il faut percer les gangues, les croûtes, les abcès, pour chercher l'émergence du cœur qui bat. Le miracle surgit lorsque d'un poing fermé naît une main tendue.

Subha pleure. L'enfant ne comprend pas.

– Subha, nous ne pouvons pas la laisser comme ça !

– Allons à l'hôpital…

– L'hôpital n'est pas équipé et sa famille n'en veut pas.

– Je veux bien l'amener chez moi !

– Surtout pas.

– Il y a une église à côté.

– Le prêtre m'a jetée dehors comme si j'étais un brigand ! Essayons de lui construire un abri jusqu'à demain, si elle peut vivre encore !

En fouillant les ordures et les ruines d'une maison adjacente, elles trouvent quelques planches et une tôle presque neuve. Elles consolident la cachette. La pluie ne pénètre plus. Subha recouvre l'enfant de son imperméable anglais.

– Mère, si vous voulez, je peux rester près d'elle toute la nuit.

– Je le peux moi aussi ! réplique Teresa.

– Vous êtes fatiguée.

– Non, je suis heureuse Subha. J'ai tellement douté !

– Alors, restons toutes les deux !

– C'est dangereux, Subhashini. Nous risquerions nos vies. Elles sont utiles autrement. Nous avons fait l'essentiel. Dieu sait. Rester, ne changera rien.

– Nous reviendrons demain ?

– Il nous faut trouver un lieu. Allons !

Une dernière fois Teresa prend l'enfant dans ses bras et la balance encore. Elle la caresse, elle pleure si fort que Subha s'en étonne. Elle n'ose rien lui dire, elle baisse les yeux.

Teresa sait d'où proviennent les pleurs qui lui nouent tant la gorge.

Dans le halo de la bougie qui lentement s'éteint, elle ressemble aux pietà des peintres de Toscane.

Tout au bout du sanglot, elle se lève, non sans avoir posé son baiser sur les lèvres de l'enfant.

– Subhashini, rentrons. J'ai tellement douté que mon corps tremble encore.

Elles s'en vont lentement. Teresa s'appuie légèrement sur le bras de Subha :

– Subhashini, tu as quel âge ?

– Dix-huit ans !

– Dix-huit ans ?

– Oui, pourquoi cette question ?

– J'avais dix-huit ans moi aussi quand j'ai quitté ma maison… Mais ça n'a aucune importance. Tu es là. Dieu est bon.

– Je ne sais pas comment vous dire, en vous voyant, j'ai envie à mon tour de me donner à Dieu. C'est comme un frisson.

– Le frémissement…

Teresa s'arrête, elle se retourne imperceptiblement, comme pour regarder derrière son épaule :

– Le frémissement…

– Mère ?

– Sans cet enfant, sans toi, j'aurais renoncé à poursuivre. J'avais atteint l'extrémité du doute. Acha !

12

Calcutta, le 19 mars 1949

Subha a dormi pour la première fois au 14 Creek Lane, dans les quelques pièces à l'étage de la maison que la famille Gomes fournit à Teresa depuis quelques semaines.

Teresa s'est levée très tôt. Elle a prié longuement et vers sept heures, elle est prête à partir pour une nouvelle équipée. Subha veut la suivre. Teresa la met en garde.

– C'est une vie difficile que j'ai à t'offrir !

– Je l'accepte, je veux tout donner de ce que je suis !

– C'est celui qui reçoit qui donne le plus !

Subha repense à la petite lépreuse qu'elles avaient recueillie ensemble le jour où elles s'étaient retrouvées.

– Mère, nous ne savons pas ce qu'elle est devenue ?

– Dieu le sait.

– Ce n'est pas une réponse.

– Subhashini, c'est un mystère que Dieu seul connaît. Plusieurs fois, il m'est arrivé de prendre soin d'un mourant, de le laisser sur place quelques instants pour aller chercher un peu d'eau. À mon retour, il avait disparu. Il existe un étrange rapport entre l'être et la réalité du monde. Un lien subtil qui semble nous relier, au travers de lui, à l'Être de Dieu. Cela dure le temps d'un soupir, afin que nos yeux le voient et le désaltèrent. Et puis, il disparaît, comme si l'être avait reçu le nécessaire, ce qu'il attendait.

– Je ne vous suis pas bien, Mère.

– Nous n'avons pas la vocation de fonder un hôpital pour secourir, guérir, traiter. Nous sommes là pour prendre soin de l'être. C'est le plus important, mais cela demeure incompréhensible. Quelques jours avant que tu n'arrives, il tombait des trombes d'eau. Au travers des vitres du tramway, j'ai vu un homme affalé sous un arbre. Je suis vite allée prendre quelques médicaments à l'arrêt suivant. Le temps d'arriver, son visage s'enfonçait dans le caniveau, il était mort. Peut-être a-t-il voulu dire quelque chose avant de mourir ? Personne n'était là pour l'entendre, pour respirer une dernière fois avec lui. L'être est fragile. La solitude l'abîme. Notre travail est invisible, car l'être ne se voit pas. La personne peut être enfouie derrière un masque d'horreur ou de folie. Il faut rechercher son sourire intérieur, il faut s'approcher de l'intangible. Quand tu lui rends visite derrière son voile, il suffit de toucher une fois le mourant pour le rendre à lui-même.

– Mais s'il n'est pas conscient ?

– Qu'est-ce que la conscience ?

– La pleine possession de ses moyens…

– Subha, lorsque tu dors, lorsque tu rêves, tu n'es pas en pleine possession de tes moyens, et pourtant tu es, ton être frémit. Il ne faut pas s'arrêter à l'enveloppe. L'être tapi à l'intérieur est unique et sublime. Son parcours ne se limite pas aux quelques années passées sur terre. Sa vie est autre, en Dieu. Alors en caressant le corps broyé par la souffrance et le mal, tu caresses l'être qui tremble à l'intérieur, tu l'aides à continuer son chemin, tu l'aides à se détacher de sa vieille tunique de peau. À se réunir.

Elles sortent. Teresa marche devant, d'un pas rapide. La pluie n'a pas cessé.

– Subha, si tu le veux bien, nous ne prendrons pas le tramway, nous pourrons donner l'argent des tickets à quelqu'un.

Elles progressent difficilement dans les ruelles. À l'entrée de Motijhil, Teresa tire Subha par la manche. Elle l'entraîne dans le recoin d'un cul-de-sac. Une forme humaine est couchée à plat ventre sur un tas d'ordures au bord du trottoir. Teresa s'approche et d'un geste délicat tente de la retourner. Subha l'aide. Elles parviennent à la redresser.

C'est une jeune femme. Teresa la soulève par les aisselles. La tête tombe lourdement sur la poitrine, de longs cheveux la dissimulent. Une odeur épouvantable les saisit au creux de l'estomac. Teresa appuie la jeune femme contre son sein et saisit un linge pour la nettoyer. Elle ramasse les cheveux dans sa main et la recoiffe. Subha pousse un cri d'horreur. Le visage de la malheureuse a été rongé par les vers qui s'en régalent encore. Un énorme rat s'échappe de l'encolure du sari. Subha vomit.

Teresa examine la jeune femme avec une attention indéfinissable. Un éclat de vie est encore dans ses yeux. Elle la contemple avec une acuité surhumaine. Une légère haleine semble s'échapper des lèvres déchirées. Teresa lui parle en secret. Quelque chose d'indicible.

Subha s'essuie, et dans un effort qui lui coûte, elle pose la main sur l'épaule de Teresa, comme pour la rejoindre. À cette seconde, elle a le sentiment que la vie n'est pas éphémère et que le râle infime de la femme mutilée l'unit à l'éternité de l'Être.

Teresa le sait. Elle est si présente que le silence efface tous les murmures, tous les crissements, tous les gémissements des ruelles voisines. La pluie même se tait.

Il n'y a plus que le cœur. Non pas le muscle cardiaque mais le cœur, le centre d'elles-mêmes, l'essence de leur être. Dérisoire, minuscule, un semblant de battement qui résonne comme l'envol d'une colombe.

Une gouttelette d'amour cristallisée à jamais dans la puanteur du caniveau.

La jeune femme se redresse intérieurement comme une fleur se déploie, imperceptible. Teresa accompagne son mouvement, sans la quitter des yeux. Elle retire un à un les vers qui rongent sa peau. La main de la malheureuse se desserre et s'ouvre enfin. Aussitôt Teresa glisse la sienne. Une chaleur, une pression subtile sur ses doigts.

Subha voudrait s'unir à elles, mais elle se sent retenue par quelque chose en elle qui fait obstacle. Une forme de répugnance, une répulsion. Elle lutte. La main est si petite, si délicate. Subha la caresse. Elle touche les vers qui butinent la peau de la malheureuse. Elle serre les dents pour ne pas tout lâcher. Elle s'accroche au regard de Teresa qui percerait des murailles.

Elle ne parvient pas à rejoindre la beauté de l'être de cette femme, sa part divine. Elle ferme les yeux. Teresa comprend son désarroi.

– Son être n'est pas ce corps. Son être est silencieux et indemne. Je sens la pleine force de sa personne. Écoute le murmure de sa voix au fond de son cœur. Le corps se décompose, mais son être intérieur, lumineux et transcendant ne peut pas être touché par la pourriture et par la mort.

– Mère, je ne peux pas.

– Elle vibre à l'amour comme un enfant blessé.

– Je ne vois qu'un cadavre, ma Mère.

– Ne pleure pas, tes larmes sont des larmes de peur. La peur de voir la réalité. Mais la réalité est au-delà des vers qui la rongent. Ce que tu vois n'est qu'une illusion. Elle est dans son être, dans son nom, dans l'éclat de Dieu.

– Mais elle est morte !

– Pas encore, elle s'accroche à la lueur de ton sourire. Regarde-la !

– Je ne peux pas…

– Pour l'amour de Dieu…

Subha ferme les yeux. Elle prie de toutes les larmes de son corps. Elle ressent comme un peu de tiédeur sur la main de la jeune femme. Elle se risque à ouvrir ses paupières. Elle distingue, dans les orbites déchiquetées, une lueur, une infime présence. Elle frissonne. Une lumière invisible l'éblouit.

– Elle t'aime.

Teresa invite Subha à sourire. Elle insiste avec des hochements de tête. Subha est belle, sa jeunesse explose comme un jeune fruit au printemps. Ses joues rosissent un peu. Elle laisse apparaître le miroitement de ses dents à l'émail parfait. Teresa insiste. Subha tremble et sans retenir le reste de ses larmes, elle esquisse un sourire, puis deux, puis trois...

La jeune femme serre la main de Subha, non pas par une pression, mais par une chaleur, une sorte d'irradiation. Le regard qu'elle pensait éteint scintille, des reflets, des couleurs. Subha a du mal à le soutenir et pourtant, elle se laisse aimanter par lui, elle se laisse emporter comme dans une fuite d'étoiles. Le grand champ des étoiles fuyant à l'infini. Les galaxies sans fin si lointaines et si proches.

La lumière toujours perçant l'obscurité. La lumière toujours effaçant la noirceur, la ténèbre implacable. La lumière de l'œil comme une éclaboussure de nova capturée dans la chair.

Subha se laisse faire. Abandonnée, elle se livre tout entière. Elle murmure :

– Comment t'appelles-tu ?

Un souffle s'échappe des lèvres mutilées. Teresa approche son oreille. C'est comme une brise légère, un parfum d'alizé. Subha demande encore :

– Comment t'appelles-tu ?

Teresa sans bouger répète lentement comme si elle traduisait délicatement le sens contenu dans l'haleine épuisée :

– A-nan-da...

– Ananda, reprend Subha.

Le corps étendu d'Ananda semble recouvrer sa plénitude. Une bonté jaillissant de l'impossible, une beauté paradoxale. L'éternité de l'être.

La vie ne dépend pas de l'amas de chair qui s'effrange, qui se décompose. Elle sourd du souffle qui l'effleure encore. Subha comprend ce que Teresa voit et touche. Chaque être est un trésor, chaque être est un diamant, une gemme, un corindon au-delà de la gangue qui l'emprisonne.

Ananda murmure à l'oreille de Teresa qui lui répond :

– Ananda comme tu es belle, combien j'aime ce que tu es ! Tu es le corps de Dieu !

Le temps d'un éclair, la beauté d'Ananda se reconstitue. Ses cheveux de jais, son visage aux traits fins, la forme galbée de ses seins au travers du sari déchiré. Puis, comme une main se referme, tout se résorbe dans l'indifférence de la matière. Le souffle se tait. La mort reprend la vie. La lumière se dissipe et disparaît, laissant place à la dureté de la boue et de l'humide.

– Subha, c'est fini, elle a lâché prise.

– C'est terrible !

– Ne dis pas ça. L'amour que tu lui as donné est bien plus fort que les mots d'une prière.

– Celui qu'elle m'a donné me comble pour la vie, Mère.

– Puisse-t-il te donner la force d'aller jusqu'au bout de ce que nous avons à faire. Sa mort est belle. C'est une joie pour moi de l'avoir vue en paix…

– Mais, c'était intenable..

– Non ma fille, elle attendait qu'on l'accompagne jusqu'à la limite. Elle n'avait plus peur… Sa mort était belle et Dieu s'est révélé à elle.

– Mère, mais comment la mort peut-elle être belle ? C'est une horreur !

– Chaque personne trouve son origine en Dieu et Dieu vit en chaque personne, le plus bel accomplissement de la vie humaine, c'est de mourir en paix, car cette paix est pour l'éternité.

Teresa repose délicatement le corps d'Ananda sur le trottoir. Elle chasse les rats qui sentent le festin. Avec une pince, elle retire les derniers vers, séchant les plaies avec un linge.

Pietà, elle s'agenouille, devant le corps auquel elle veut rendre toute sa dignité, toute sa beauté de temple.

Subha l'imite.

Elles prient et se signent du signe de la croix.

13

Calcutta, le 24 mars 1949

Il est huit heures du matin. Les enfants viennent par grappes dans la petite école de Teresa ouverte depuis Noël. Les deux salles minuscules face au bassin de Motijhil sont insuffisantes. En arrivant, les enfants s'accrochent au sari de Teresa qui délicatement les invite à se plonger dans l'eau du bassin pour se laver. Les ablutions amusent tout le monde. Subha aide Teresa à contenir l'énergie folle des enfants :

– Kaw-kaw-baw.

– Kaw-kaw-baw, répètent-ils d'une seule voix.

Teresa les rassemble et les dispose par âge. Shuba prend les plus grands.

Teresa ne perd pas un instant du regard de chaque enfant, avec une intensité impossible... Elle observe le moindre mouvement de leur être. Elle anticipe leurs attentes, elle appréhende leurs blessures.

– Zena, cela fait combien de jours que toi et ton frère n'avez pas mangé ?

Les enfants rient, mais ne répondent pas. L'un d'eux s'écrie :

– Il y a bien huit jours et ce soir ils ne mangeront pas encore.

Toute la classe rit. Teresa comprend que ce rire est un cri, l'émail de la souffrance. Les lèvres de la blessure. La faim habite ces petits corps déjà abîmés par le manque, déjà altérés par la soif.

Le frère de Zena ne rit pas. Il s'est recroquevillé. Ses os forment des angles saillants, il cache ses mains décharnées.

Teresa reprend la récitation de l'alphabet :

– Kaw-kaw-baw.

Elle se dandine en chantant avec les enfants. Naturellement, elle s'approche du jeune garçon et le prend dans ses bras comme un nourrisson. Elle le berce en l'embrassant. Elle lui murmure des mots doux à l'oreille. La classe fait mine de ne pas se rendre compte.

Teresa pose l'enfant près de la place qu'elle s'est réservée pour enseigner. Elle glisse la main dans son sari et en tire quelques annas. Elle les donne à Subha qui part en courant.

L'enfant claque des dents. Teresa s'accroupit tout en parlant et lui prend la main. Elle ne le quitte pas. Elle est tendue vers lui, à l'écoute de la moindre déchirure, du moindre sanglot. Elle le calme d'une pression des doigts. Elle est avec lui, mais étonnamment, elle est aussi toute donnée aux autres qui ne veulent rien savoir de la souffrance de l'enfant. Chacun se terre au fond de lui, comme des petits animaux au fond d'un terrier, repliés sur leur peur, dans une obscurité subie, dans une désespérance irréversible. Teresa les tient en éveil. Elle rit avec eux.

Il ne s'agit pas tant d'apprendre que de survivre.

Les plus âgés des enfants ont six ans. Leur corps est déjà vieux, usé par la poussière, éreinté par la dureté du jour. Des rides, des traces de coups, des blessures de faim, des cicatrices d'abandon.

Teresa le sait. La classe est un prétexte pour distiller un peu d'amour, quelques caresses sur l'écorce endurcie de leurs cœurs.

Soudain, l'un d'entre eux se jette sur son voisin immédiat pour le rouer de coups sans que les autres réagissent. Teresa parvient à les séparer. Elle remet l'agresseur à sa place :

– Nous allons vous donner à manger.

La violence bouillonne. Teresa en connaît la source. Elle s'insinue par le ventre, par les entrailles. Elle noue l'esprit et ferme les poings.

Subha revient avec une marmite de riz. Les enfants n'osent pas bouger. Teresa prend de l'eau dans une cruche et lave la bouche du frère de Zena. Délicatement, elle lui réapprend à manger. L'enfant tient la main de Teresa, il veut encore du riz. Elle lui en donne et le retient de ne pas tout dévorer :

– Il faut partager.

– Mâ, Mâ ! crient les autres.

Teresa et Shuba s'occupent personnellement de chacun.

Les enfants se précipitent comme des lionceaux autour de la marmite, certains mangent à même le sol.

Teresa les apprivoise d'un geste, d'un sourire. Les plissures de ses rides réverbèrent la bonté de son regard, de sa douceur.

Elle les redresse, elle les relève sans effort, car ils sentent en elle comme un axe, l'arbre de vie d'une terre nourricière, le sein dont ils sont sevrés.

Il ne reste plus rien dans la marmite de Subha, pas le moindre grain, pas la moindre pellicule de riz. Les enfants sucent leurs doigts pour contenir la faim que ce trop peu ne saurait assouvir.

Devant la porte, une petite fille en pleurs se tient à l'embrasure. Teresa l'aperçoit et lui fait signe d'avancer. Les enfants lui font un passage sans la regarder.

– Mon papa et ma maman ne veulent plus de moi.

– Où est ta maman ?

– Dehors, là-bas…

– Va la chercher.

La petite fille tout en reniflant revient sur ses pas. Elle va vers sa mère qu'elle tire par le sari. La femme ne veut pas entrer, elle repousse la petite et part en courant.

– Tu veux de moi, toi ?

Elle se précipite contre Teresa et enfouit son visage dans sa poitrine. Elle est sale et affamée. Teresa la fortifie.

Les autres enfants de la classe ne sont guère mieux lotis qu'elle.

Teresa lui donne une brisure de biscuit.

– Je m'appelle Gita.

La matinée s'achève. L'attention des enfants s'épuise. Chacun vient chercher une bénédiction que Teresa donne par un baiser. La dernière arrivée s'attarde, éperdue :
– Tu m'emmènes avec toi ?
– Gita, tu es un trésor.

Le frère de Zena peine à marcher, à quitter la salle de classe. Zena le rabroue et l'invective pour qu'il se dépêche. Elle le brusque et il tombe. Il a mal. Il crie.
Teresa se précipite.
– Sa jambe est brisée.
– La malnutrition ! dit une voix derrière elle.
– Cet enfant est sous-alimenté depuis le ventre de sa mère, mais le malheureux a la tuberculose ! explique Teresa…
Elle le couche sur la terre battue de la salle de classe.
– Mâ, je peux vous aider ?
– Qui es-tu ?
– Magdalena, j'étais votre élève à St Mary's School.
– Magdalena Gomes ?
– Oui, Mère !
– Dieu soit loué ! Avec ce rameau de manguier nous allons lui faire une attelle.
– Subha !
– Magda !

Les deux anciennes élèves de Teresa se saisissent les mains. Elles se comprennent et s'agenouillent pour soigner l'enfant.
– Comment t'appelles-tu ?
– Rama ! dit l'enfant.
Teresa lui regarde le blanc de l'œil, il a de la fièvre.

– J'ai bien peur que mon diagnostic soit bon, il est tuberculeux.

– Plus de la moitié le sont à Motijhil, dit Magdalena, ils sont très contagieux.

– Il ne faut pas s'arrêter à ça. L'amour est plus contagieux que le mal de Pott, Magda ! reprend Teresa.

– Vous avez raison. Je ne vous reconnaissais pas en sari. J'étais habituée à l'élégant habit de religieuse que vous portiez si bien. Et vos pieds nus, en sandale, sans souliers…

– Magda, je suis devenue pauvre et je tiens à le rester.

– Mais on peut s'occuper des pauvres en restant…

– Convenable ?

– Non, je ne veux pas dire ce mot, en restant comme l'on était avant.

– Tu vois Magda, si tu n'es pas pauvre toi-même, tu ne peux pas être avec les plus pauvres des pauvres. Il ne faut rien avoir pour rester ici ! Il faut se dépouiller de tout y compris du nécessaire, il faut être essentiellement nu ! Si tu n'es pas nu, tu ne peux rien faire pour eux.

– Mère, permettez-moi de rester avec vous et de vous suivre.

– Et tes études ?

– Je vais tout laisser pour me donner aux plus pauvres des pauvres.

– Magda, il faut continuer tes études. Nous avons besoin qu'au moins l'une d'entre nous soit médecin !

– Je suis d'accord, à condition que pendant mes études je puisse rester avec vous.

– Nous verrons, Magda. Aide-moi à le relever.

Elles tentent de redresser Rama sur ses pieds, mais le pauvre enfant souffre trop.

– Il nous faudrait un dispensaire, Mère, et un home d'enfants.

– Je sais Magda, et bien d'autres choses encore. Le corps de cet enfant est une théophanie, c'est le lieu de la rencontre entre l'humain et le divin. Le corps du Christ.

– Si nous l'amenons à l'hôpital, ils ne le garderont pas ! s'écrie Magda.

– Il nous faut le garder ici, dit Subha.

– Et Zena ? s'inquiète Teresa.

– Elle est partie bien heureuse de n'avoir plus son frère à charge, répond Subha.

– Nous devons tout de même essayer d'aller à l'hôpital, s'ils n'en veulent pas, nous aviserons mes filles !

– Oui, Mère !

– C'est une joie d'être ensemble, n'est-ce pas, Subha ?

– C'est un cadeau de Dieu !

– Ne traînons pas, ce n'est pas le moment de s'épancher, Rama souffre ! s'active Teresa.

En quittant la salle de classe Teresa se retourne, le soleil de midi éclaire le sol de terre battue. Elle peut lire les premières lettres de l'alphabet bengali qu'elle avait tracées sur le sol, avec son doigt. Kaw-kaw-baw…

Kaw-kaw-baw.

En écrivant chaque lettre, elle retraçait le nom que Dieu avait inscrit dans le cœur de chacun des enfants, le nom de leur être même. Ce nom ignoré, enfoui sous la crasse de la misère et de l'oubli. Elle en retraçait la calligraphie, corrigeant les fautes d'orthographe, les fautes de sens, les fautes d'amour. Ils étaient analphabètes du cœur, elle leur apprenait le b-a ba, kaw-kaw-baw…

Et même si le courant d'air effacera chacune des syllabes, chacune des voyelles, chacune des consonnes, demain elle les épellera encore pour qu'ils apprennent à lire l'essentiel, les reflets ineffables de l'amour dans leur paysage intérieur, à lire le nom même de Dieu…

Le nom de Dieu est un visage. Et chaque enfant en est le miroitement, l'empreinte sur le glacis.

Elle voit en chacun l'homme choisi par Dieu, l'homme aimé, l'homme aimant.

La poussière qui macule leur visage n'est qu'un voile, une brume, le masque, l'épaisseur de la chair, l'insondable de Dieu.

Elle hésite encore une fois avant de quitter la pièce. Elle semble vouloir respirer les parfums, les odeurs laissées par les enfants, elle semble vouloir entendre encore leurs voix étrangement harmonieuses, chantant le bel alphabet. Kaw-kaw-baw.

La présence laissée par les enfants est si forte que Teresa s'agenouille. Elle prie en silence comme pour savourer l'instant qui jamais ne s'achève.

– Les enfants de Motijhil ne sont pas différents des enfants de Londres, ils sont un pur joyau, toujours, toujours renouvelé.

Lentement Teresa quitte la minuscule école. Subha et Magda portent Rama.

La petite Gita les suit. Teresa s'approche et lui donne la main.

Les gens du quartier regardent passer l'étrange cortège. Certains reconnaissent Teresa et murmurent.

Rama n'est plus tout seul. Teresa lui sourit. Et Gita en pleurant fredonne une chanson.

14

Calcutta, le 25 mars 1949, fête de l'Annonciation

Teresa réveille ses deux compagnes et leur dit :

– Aujourd'hui, c'est la fête de la Salutation de l'Ange. Le Verbe de Dieu s'incarne. Nous sommes invitées à déployer une certaine solennité, mais notre pauvreté n'a qu'une seule richesse : la prière.

La petite Gita dort encore cependant qu'elles célèbrent la fête. Teresa ne bouge pas, c'est tout juste si l'on devine le battement de son cœur. Son immobilité impressionne Magda.

Au terme de la prière, celle-ci demande :

– Mère, comment faites-vous pour prier en silence aussi longtemps ?

– Quelle est ta nature réelle, Magda ? Est-elle d'écrire, de marcher ou bien est-elle tout simplement d'être ? Le silence, c'est être. Prier, c'est être. Le reste n'est que distraction.

– Mais nous avons besoin de communiquer avec Dieu.

– Le langage secret du cœur vaut tous les discours.

– Je ne sais pas si je parviendrai un jour à prier comme vous.

– Ce n'est pas moi qui prie, je laisse l'Esprit de Dieu prier en moi. Le silence n'est pas simplement fermer sa bouche et museler sa langue. Il consiste à nous taire intérieurement et à Lui laisser toute la place. C'est le sens du darshan, de la contemplation : faire de son cœur le lieu de Sa Présence.

– C'est beau, Mère, vous devriez enseigner comme les sages hindous.

– Il n'y a que le Christ qui enseigne. C'est lui notre guru, notre maître intérieur.

– Alors vous pourriez prêcher, les prêtres le font bien !

– Que veut dire prêcher ? Monter sur une estrade comme saint Dominique ? Mon prêche, c'est le silence, le mauna, comme disent les Indiens. Le silence est lumière, il communique sa grâce transformante et vaut toutes les éloquences. Notre travail naît du silence. Notre force d'action prend sa source dans le silence. Lorsque cloué sur la croix le Christ crie : « Je Suis la Soif ! », il signifie qu'il a soif de notre silence. Donne-lui à boire ton silence, il se désaltérera. Donne-lui à goûter le fruit de ton silence et il n'aura plus faim, donne-lui à sentir le parfum de ton silence et il n'aura plus froid. Épargne-lui le vinaigre de tes pensées. Ainsi, lorsque je m'approche d'un pauvre agonisant, je peux Le percevoir dans le silence du cœur à cœur…

Subha verse des larmes. Teresa s'en rend compte. La paix éclabousse la pièce comme une grande lumière alors que le jour se lève à peine. D'un geste inattendu, Teresa prend délicatement une larme de Subha sur le bout de son doigt. Elle l'examine comme un orfèvre un diamant, elle en contemple la substance, la forme lapidaire, les reflets.

– C'est une rosée d'amour ! Elle est tombée de l'arc-en-ciel.

– Mais l'arc-en-ciel est dans le ciel ?

– Le ciel est au-dedans de toi.

Teresa lentement embrasse la perle de larme et la pose sur ses lèvres comme pour s'en abreuver.

– Des larmes comme celles-ci ont plus de valeur que toutes les pierres précieuses du monde.

Subha, décontenancée par le geste de Teresa, détourne le visage. Elle se reprend un peu :

– Quand nous sommes allées à l'hôpital, l'autre jour, amener le jeune homme au visage dévoré par des fourmis rouges, et que je vous ai vue le prendre à bras le corps, puis vous battre pour imposer aux médecins de le soigner, si j'avais été seule, je n'aurais pas été capable de le faire.

– Je n'étais pas seule, Subha.

– Mais je ne comptais pour rien, je vomissais tout ce que je pouvais, je ne vous étais d'aucun secours !

– Je ne parlais pas de ta présence si tendre, je parlais du Christ. C'est lui qui portait le jeune homme, il était mes bras, il était mon souffle. Notre difficulté, c'est de croire que nous sommes les auteurs de nos actes. C'est une erreur. C'est la puissance de Dieu qui fait tout.

Subha, je ne suis rien par moi-même. Regarde, je n'ai aucune force physique, je ne suis qu'un instrument, un stylo dans la main du Seigneur avec lequel Il écrit ce qu'Il aime. Même si ma main tremble maladroitement, Il rend toute chose possible, Il embellit mon écriture d'une calligraphie.

– La souffrance que nous touchons m'est difficile à vivre ! dit Subha.

– La souffrance touche le corps, mais le corps n'est pas tout l'être. Quand tu vois l'autre en souffrance, tu identifies son corps au tien. Mais le corps ce n'est pas toi. Le corps est une excroissance de ta personnalité, une extériorité limitée de ton être. Le corps meurt, l'esprit ou l'âme ne peuvent pas être touchés par la mort. Si tu prends conscience de cela, tu n'auras plus peur.

– Mère, c'est plus facile à dire qu'à faire.

– Quand tu te trouves dans cette situation de peur dis-toi : « Je ne suis pas ce corps, ma personne est au fond de mon cœur. »

– Est-ce à dire que le corps est méprisable ?

– Je n'ai pas dit ça. Le corps n'est pas tout l'être, mais le corps est sacré, car il émane de Dieu. Et Dieu a pris ce corps pour aimer jusqu'au supplice, jusqu'au corps transfiguré....

Gita se réveille et sans rien dire, elle vient se blottir dans les bras de Teresa. Gita voit en elle une mère. Elle se livre sans aucune appréhension, elle lui donne sa confiance intégrale. Elle se détend, ses yeux ne cillent plus, ses dents ne claquent plus. Elle repose sa tête sur son sein.

Tout en la berçant, Teresa reprend :

– Cette enfant en dit plus que tout ce qu'on pourrait enseigner. Elle est le silence. Recroquevillée au fond de la caverne de son cœur, elle attend un peu d'amour pour apparaître. On pourrait croire que le silence des pauvres est une déficience mentale. Non, il est le silence par lequel Dieu nous parle.

– Mauna ! insinue Magda.

– Oui ! reprend Teresa. Subha, je me souviens d'Ananda, tu croyais qu'elle n'était qu'un cadavre. Tu te trompais car elle attendait que quelqu'un lui fasse signe, elle attendait une réponse à l'amour qu'elle avait perdu. Elle attendait une reconnaissance. L'apparence est trompeuse. Même à l'extrémité de sa vie l'homme est toujours un homme. Les médecins qualifient certains états de végétatifs, et certains malades de légumes, c'est une erreur. L'homme ne peut pas être un légume, même si ses facultés sont annihilées, même si les rats l'ont dévoré. Tant que l'être est là, tapi dans la caverne de son cœur, il est un homme. Notre travail consiste à écouter ce cœur emmuré, vaincu par la maladie et la souffrance et de saisir le souffle en lui, la dernière caresse, le dernier signe, le dernier baiser.

– Comment percevoir l'être derrière le corps brisé ?

– Sur la croix, le Christ n'était qu'un corps détruit, humilié, défiguré. Si ta vision s'arrête à cette image, ta foi est vaine. La mort semble L'avoir vaincu. La violence semble avoir eu raison de Lui, l'injustice semble avoir triomphé. Pourtant, tu connais la suite. Ainsi, chaque corps que nous ramassons, c'est le corps du Christ blessé. C'est le corps de Dieu. Derrière les marques et les stigmates, l'être de la personne que nous secourons attend dans la peur et l'angoisse, un geste, un mot, une présence. Une attention peut tout dénouer en lui, un sourire peut le faire mourir en paix. La maladie défigure la forme, il faut accueillir l'être qui en est atteint comme si de rien n'était ! Dis-toi que la maladie, c'est un des déguisements de Dieu !

Teresa pose de nouveau ses yeux sur l'enfant, comme sur le bien le plus précieux qui soit. Elle laisse s'installer la paix en elle. Ses paupières se plissent doucement. Une clarté rayonnante. Elle est à genoux, ses mains tiennent la tête de Gita sur sa poitrine. La maison pourrait s'écrouler sans que cela la perturbe.

Elle câline de l'intérieur ce petit être blessé, recroquevillé contre son corps. Ce petit être rejeté, ramassé dans ses bras. Elle respire avec lui, elle est avec lui, intégralement. Il n'y a pas une parcelle de sa personne qui ne soit pas avec lui à cet instant précis.

La densité de l'amour attire Subha et Magda qui s'agenouillent à leur tour. Elles cherchent en elles-mêmes l'unité, l'immobilité de Teresa.

L'enfant est au centre de cet apaisement, le lieu de la rencontre, le lieu du sacrifice d'elles-mêmes.

Les mots et les images ne disent rien. L'idée de voir Dieu dans le plus pauvre des pauvres non plus. Dans le petit appartement de Creek Lane, l'infini emplit chaque recoin, chaque interstice, chaque centimètre carré, enveloppant Teresa et ses compagnes d'une éternité.

Elles semblent imperméables aux bruits de la rue, aux inhumanités sourdes qui montent de la ville.

Le temps s'arrête, mais existe-t-il ?

Le temps et l'espace sont une illusion qui noue notre esprit. Le temps n'est qu'un concept.

Elles demeurent là, au creux de la Réalité, sans passé ni futur, dans l'éternel présent, qui les fait être pareillement ici ou au pied de la croix de leur Dieu.

Il n'y a plus à cet instant ni dedans ni dehors.

L'agapê.

Magda dit :

– Nous ne connaissions pas l'agapê ! Oh ! Mais que de temps perdu !

– Le temps ne peut se perdre puisqu'il n'existe pas ! lui répond Teresa.

La lumière de midi diapre d'or leurs visages. Elle caresse l'enfant, les lèvres de Teresa. Un murmure aveuglant. Subha ouvre ses yeux. Rien n'a changé autour, la même pauvreté. La même limite humaine. Pourtant dans cet instant passé à contempler, elle s'est sentie si riche... si essentielle, agissante sans agir.

Teresa lui sourit :

– Subha, nous avons mesuré la hauteur, la profondeur, la longueur et la largeur de l'Être qui nous a donné l'être.

– L'amour de Dieu est immense ! dit Subha.

– Bien plus encore, reprend Teresa. Nous ne pourrons accomplir notre mission que lorsque nous saurons voir le Christ en tous.

– Vous êtes sainte ! dit Magda.

– Tu es sainte toi aussi ! Le saint est celui qui se nourrit du silence et qui en nourrit les autres.

Céleste pousse la porte. Le Jésuite en entrant a l'impression de déranger :

– Je viens de chasser l'ange, avec mes gros souliers…

– Il nous avait déjà saluées ! répond Teresa.

Céleste comprend qu'il s'est passé quelque chose. Le visage des trois femmes a passablement changé.

– Je crois vraiment que l'ange est passé.

– Pourquoi cette insistance ? demande Teresa.

– Vous n'êtes plus tout à fait les mêmes, il y a quelque chose en plus dans votre façon d'être à toutes les trois. Je ne saurais vous dire quoi exactement, mais c'est ainsi !

– Il y a peut-être aujourd'hui une lumière particulière…

– Non, cela vient de vous…

– Nous avons… commence Subha s'interrompant aussitôt..

– Terminez votre phrase, l'encourage Céleste.

– Nous avons contemplé le Christ.

– C'est une bonne chose, mais cela ne satisfait pas mon attente.

– En contemplant Gita, rajoute Magda.

Céleste sourit. Tout était dit.

15

Calcutta, le 15 avril 1949. Vendredi Saint

L'arrivée de Dorothy et de Margareth, deux bengalis d'Entally, a consolidé l'embryon de vie communautaire.

Teresa s'émerveille de voir ces jeunes filles, comme ses sœurs dans l'appel qui est le sien et qu'elles revendiquent ! Elles sont un parfum nouveau, une perspective inattendue. Elles sont indiennes. Elles viennent de ce peuple qui lui tient les entrailles.

Elle les regarde dans leurs saris comme des anges, des devas venus du ciel ! Elles mènent un combat contre les asuras qui tiennent les hommes dans cette pauvreté absolue. Un combat de titans.

Ailes blanches contre ailes noires.

Teresa mesure l'ampleur de sa tâche, sa démesure.

N'est-ce pas le combat du Vendredi saint ? Où son Dieu se sacrifie sur la croix pour sauver les hommes ?

Teresa s'émerveille de cette résonance, de cet interstice d'amour dans le cœur décomposé des bidonvilles.

Elle s'émerveille de l'impossible réalisé malgré sa propre faiblesse, malgré son incapacité psychologique même.

Si Subha ne l'avait pas retrouvée dans l'errance des pluies diluviennes de février, si Magda n'était pas revenue, libre et résolue, rien n'eut été possible. Le signe, le ferment, la chrysalide.

Ce mystère de l'amour qui les réunit, est incompréhensible à la raison. Comment ces jeunes filles sont-elles venues, alors que tout le milieu de St Mary's School les avait prévenues contre elle ?

Quel soleil a-t-il brillé dans leur cœur pour traverser la misère du bustee et venir dans l'étroitesse de cet appartement de Creek Lane pour s'occuper du pire, pour caresser la mort, pour affranchir l'agonie des expirants ?

Leur vie quotidienne serait insupportable sans ce « je ne sais quoi » qui l'embellit. Sans cette suspension dans l'air, cette légèreté incroyable qui désintègre les pesanteurs ordinaires. Ce « je ne sais quoi » qui place le regard légèrement au-dessus des choses, afin qu'il ne puisse être affecté par une quelconque déchirure.

Elles sont là, sans être là, elles font sans faire, elles agissent sans agir. Dans la permanence de leur être immédiat, dans le « je ne sais quoi » qui distingue l'intérieur de l'extérieur, le subtil de l'épais, la réalité de l'illusion.

Elles n'ont que leurs mains, que leur désir, que leur pureté, pour un travail aux limites de l'impossible. Elles n'ont rien et de ce rien, elles distillent des parfums, des couleurs, des fragments de ciel bleu, elles découvrent des roses au milieu des détritus, sur le bord des cloaques. Elles écartent la fange pour découvrir des sources de vie claire. Elles prennent la souffrance avec les doigts de leurs cœurs, pour dénouer les peurs, pour réduire les fractures de l'âme.

Elles guettent le regard, elles guettent le souffle, attentives au murmure, à l'éclisse, au reflet, derrière un mur, sous une tôle. Elles guettent l'être tordu qui geint et qui s'éteint, elles guettent l'entrée du dédale où erre la conscience des fous, elles perçoivent au-delà des amas de psychisme, le pur miroir de l'âme qui sacralise l'être. Elles chassent dans la nuit l'amour écartelé par le hideux, le monstrueux que la misère accouche.

Elles attendent, comme toutes les femmes, l'aurore aux filets d'or de nos relèvements.

Et même si Teresa la sherpa, Teresa la meneuse comme le dit Subha, donne le ton, elles s'engagent, elles risquent leur vie. L'ingrat de leur tâche serait insurmontable, si elles n'étaient saisies par la contemplation de leur Dieu insensé gisant au fin fond des ghettos.

C'est le Vendredi saint. Le jour de la croix. Le jour du creuset. Elles jeûnent depuis une semaine. Elles ne sont pas sorties aujourd'hui. Subha a simplement été apporter du riz à une famille qu'elle accueille dans un réduit de la maison des Gomes.

C'est le jour décisif pour Teresa.

Tout est dit par l'offrande de son Dieu… Je Suis la Soif.

« Je Suis la Soif » hurle-t-il à la face des univers, crucifié ! Et ce cri la transperce comme la lance le côté du Christ.

Le Dieu de Teresa est allé hors du Temple, il est allé à l'extrémité de l'aire de jeu, à l'extrême du monde, à la limite. Il est allé subir son supplice sur le champ des exclus, sur le territoire des malfaiteurs, sur la taupinière des plus pauvres des pauvres, dans le domaine interdit du rejet, hors caste et intouchable !

Le sannyasi lui avait dit dans le jardin de St Mary's School que son Dieu, Jésus Christ, était la récapitulation de tous les dieux, qu'il était le Divin adorant et servant l'humanité jusqu'au don absolu de lui-même : l'Amour.

Adorateur et serviteur de l'homme, ce Dieu lave les pieds, ce Dieu touche les lépreux... Ce Dieu qui côtoie les putains, qui caresse les vagues de la mer, qui nourrit les affamés, qui console les errants, qui glorifie les humiliés, qui met les pauvres en majesté ! Ce Dieu avait saisi le cœur du sannyasi car il était le Verbe, le Aum originel, le souffle de la conque, la première parole, et il serait la dernière : « Je Suis la Soif ! »

Teresa se remémore cette conversation sous le banian, le figuier de l'Inde. Le moine lui avait ouvert définitivement la porte du cœur de son pays, la fenêtre de son âme.

Il lui avait fait remarquer que Dieu n'était pas européen. Il était universel, sous-jacent à l'orée du bois du cœur de chaque être humain, il était le rayon de lumière incendiant la clairière, l'étincelle dans les yeux des enfants.

Le Verbe par qui tout était dit du début à la fin. Ici ou ailleurs, à Calcutta ou à Jérusalem.

Teresa a compris qu'il en est ainsi parce que son Dieu est sorti du Temple, du Saint des Saints, de l'espace sacré, pour aller donner sa vie hors des limites sociales de l'humanité. Hors castes !

Teresa tremble à cette idée, elle verse des larmes intérieures qui submergent son âme.

Elle tremble devant la puissance de cette réalité. Elle mesure le poids de cette croix, elle mesure ce que ce moine indien percevait avec une acuité et une justesse infinies. Derrière les mots que le langage recouvre d'aspérités, l'essentiel était dit.

Il ne s'agissait pas d'ergoter sur la terminologie ou de suspecter ce saint homme de mélanger les termes, son regard annonçait le matin de Pâques. Pour Teresa, c'était suffisant.

Elle ne pense plus, dans la contemplation intérieure de la croix dressée au-dedans d'elle en ce jour si prégnant.

Sa situation personnelle n'a plus aucune importance. À ce moment, elle se tient en amont des règles et des méandres complexes qui structurent l'Église, qui posent des interdits, des tabous et des tyrannies. Elle se tient exclue, hors du camp, hors de l'aire du blé à battre, elle se tient à l'extrémité, comme si elle était invitée au pied de la Croix…

Marie-Madeleine.

Elle n'a pas besoin d'images, elle n'a pas besoin de sensations, la nuit même suffirait pour qu'elle soit présente à cet instant où l'univers trembla.

Au pied de la croix, elle contemple, elle sent, elle entend, elle goûte l'amer, elle touche le sang, elle gémit…

Je Suis la Soif !

Elle n'avait jamais connu la soif.

Elle savait le désir, le manque, le picotement du jeûne, mais elle n'avait jamais eu soif de cette soif « accomplissante » qui révèle la nature profonde de l'être.

Elle n'avait jamais eu soif de l'être.

Soif de l'Être.

Sa gorge est nouée, sa langue brûle, son cœur est dévoré par un feu caché.

La soif de l'être.

Et le mot de son Dieu devient Verbe à ses lèvres, comme un vrai mot d'amour, elle balbutie : « J'ai soif » et il répond : « Je Suis la Soif ! »

Elle ne saurait l'exprimer, tant ce qu'elle ressent lui vrille toute son âme. Elle se recroqueville haletante, fiévreuse.

Elle a compris, elle sait.

Ce qu'elle voulut offrir de plus beau aux pauvres en 1942, pendant la grande famine qui ravagea le Bengale, c'est maintenant qu'elle l'offre : étancher la soif de l'amour sacrifié.

Offrir aux autres ce « je ne sais quoi » qui l'incendie tout entière : l'Être même de Dieu. Désaltérer Sa soif, l'étancher, boire le manque d'amour, revêtir l'absolue pauvreté de la croix, essentielle, définitive.

Qui suis-je ? pense-t-elle encore. Qui suis-je pour être ainsi aimée jusqu'au transpercement ? Pour avoir compris ce mystère ontologique de la soif ?

Mauna. Le long et véritable silence. La Soif est le silence, le silence est la soif.

Subha et Magda accompagnent Teresa dans le battement de son cœur, à l'heure biblique de la mise en croix, dans un léger balancement qui rythme son achèvement.

Teresa assoiffée de la Soif, avale difficilement sa salive. Elle voit une multitude de gens perdus, dans une misère impossible, des enfants décharnés tendant les mains vers elle. La soif de son Dieu est totale, son Dieu sorti du Temple, son Dieu vivant, tremblant d'effroi cloué au bois des suppliciés, accomplissant le passage de l'humanité à la divinité dans un déchirement extrême.

N'est-ce pas la vie de tout homme que la souffrance inouïe de l'être, partagée entre son extérieur et son intérieur, entre son ego et le Christ qui veille en lui ?

L'Inde est une terre où Dieu transpire de partout, une terre de contradictions et de déchirures, une terre de la croix.

Plus la présence de Dieu affleure, plus la violence de la croix se manifeste.

Teresa ne saurait pas l'expliquer.

La soif de l'amour n'est compréhensible que par la violence de la croix.

Dans le bustee, le corps de son Dieu est défiguré, ses mains sont percées ! Elle ne peut pas raisonner ce que son être entend, ce que son être goûte.

Elle a selon son vœu personnel, revêtu la croix, elle en porte le signe sur son visage drainé de rides et d'esquilles d'amour perdues, sa couronne épineuse. Il ne s'agit pas d'une pénitence sentimentale qui tendrait à associer toute souffrance à une bénédiction, il s'agit de quelque chose de plus profond. La soif de l'amour est une soif de Dieu qui souffre de l'éloignement de l'être des hommes essoufflés.

Tout homme privé totalement de Dieu cesse d'être.

L'Amour souffre du non-amour.

L'accomplissement de la vie est dans l'amour et tout manque d'amour détruit la vie. La souffrance est une privation intérieure d'amour, une privation d'être. La douleur des sens emprisonne l'amour, ferme l'issue, clôture la fenêtre.

Son Beau Dieu s'est fait homme pour que l'homme devienne Dieu, en brisant les prisons de nos âmes.

La soif de l'amour est la soif du relèvement, la soif de toute personne. À l'extrémité du vivant, hors du Temple, loin de toute humanité, son magnifique Dieu meurt sur l'arbre de la mort pour le relèvement de tous, hors jeu.

Hors jeu. La résurrection.

La soif de l'amour est résurrection. Je Suis la Soif est ressuscité !

Teresa, frémissante de toute son âme, ne sent plus son corps, elle ne sent plus ses mains qui lui sont si nécessaires. Elle n'est plus qu'un désir d'eau, de fraîcheur, de joie, de clairière, d'embellie, de sourire, de regard apaisé.

Elle n'est plus qu'une soif ardente inaltérable, chimérique, impossible à étancher…

Elle voit encore une grande foule d'exclus, de boiteux, d'infirmes, de mourants, de laissés pour compte, d'intouchables sans nom, sans visage et sans voix. Elle voit cette foule torturée par la soif qui appelle et qui est comme aspirée par le souffle du Dieu cloué sur l'arbre du supplice devenu arbre de vie…

Cette foule épuisée assoiffe l'Amour. Cette foule déchiquetée forme les lettres par lesquelles le Verbe écrit : « Je Suis la Soif », qui équivaut au plus beau des « je t'aime » !

Je Suis la Soif de toi mendiant. Je Suis la Soif de toi lépreux. Je Suis la Soif de toi pestiféré. Je Suis la Soif de toi le fou, l'intouchable, l'indésiré, le maudit, le tors et le rebelle. Je Suis la Soif de toi le pire, le proscrit, l'exilé de toi-même, l'errant de tous les bas-fonds. Je Suis la Soif de toi le défiguré qui n'a plus rien de l'apparence d'un homme !

Je Suis la Soif !

Ainsi appelle-t-elle Dieu, cette foule immense qui, comme un enfant sevré, ouvre sa bouche en feu pour une goutte d'eau qui ne viendra jamais.

« Je Suis la Soif ! » Le nom du Dieu des plus pauvres d'entre les pauvres qui constituent la presque totalité de l'humanité.

Un sanglot qui vrille la croix, transperçant le côté.

Teresa pense qu'il n'est plus, à ce degré-là, de religion ou de philosophie. Elle ne se pose plus la question. Elle est dans l'urgence de la déshydratation de l'amour, audelà des formes, des conventions, des frontières religieuses, des méandres des cultes.

Elle est au-dessus des nuages.

«Je Suis la Soif!» appelle. «Je Suis la Soif!» l'appelle.

Le soir tombe déjà. Teresa dit à ses compagnes :
– «Je Suis la Soif!» est une lumière, «Je Suis la Soif!» est le plus beau des noms de l'amour. La raison de notre existence est d'étancher l'infinie soif de Dieu.

16

Calcutta, le 26 avril 1949

Teresa s'apprête à sortir. On frappe à la porte. Magdalena entre. Elle s'agenouille devant Teresa :

– Mère, je veux rester définitivement avec vous, m'acceptez-vous ?

Teresa la relève et l'embrasse.

– Nous sommes trois.

– Et bientôt cinq puisque Dorothy et Margareth vont définitivement nous rejoindre…

Subha s'approche à son tour. Elles se tiennent la main.

– Magda, quelle joie !

– Peut-être que dans quelques semaines nous serons sept, car deux autres amies m'ont demandé si elles pouvaient vous rencontrer et passer quelque temps avec nous.

– Acha.

– Vous parlez comme les Indiens maintenant ! fait remarquer Subha.

– Je suis indienne… Quand j'enseignais à St Mary's

School nous nous devions de marquer une différence. Nous étions des sœurs européennes, en habit particulier, avec des habitudes un peu irlandaises.

– Les sœurs de St Mary's School s'inquiètent pour vous, souligne Magda. Elles disent que vous vous êtes égarée et que l'orgueil vous perdra. La Supérieure m'a conseillé de ne pas vous approcher. Elle a prononcé des mots que je n'ose pas vous répéter.

– Elle a été blessée par mon départ. Elle n'a pas compris le sens de ce travail. Pour elle, j'étais une bonne enseignante et il n'y avait aucune raison objective pour que je cesse de l'être. Quand on prononce des vœux dans un ordre religieux ou une congrégation, ce n'est pas pour y renoncer même après vingt ans ! Son honnêteté et sa conception de la vie religieuse ne lui permettent pas d'accepter mon attitude. C'est pour cela qu'elle croit que je vis un dérèglement, une illusion due à une illumination. Elle m'a proposé d'être la principale du collège. Mais ce n'est pas ce que je voulais. Ma vie, je l'ai totalement abandonnée au Seigneur. Je ne suis plus mon maître, mon maître, c'est Lui. Si je ne vivais pas cette grâce, je ne pourrais pas tenir plus d'une demi-journée à ce rythme. Je suis fragile mes filles, mais Dieu m'a choisie dans ma fragilité pour aller vers les plus faibles, vers les plus démunis. Ce n'est pas en sœur de Lorette qu'il m'a appelée à faire ce choix ! C'est en indienne les pieds nus qu'il me veut ! Mon choix est clair. Ne jamais quitter Dieu du cœur. Passer de la prière à la contemplation de son visage dans les plus pauvres des pauvres.

– Mère, il n'y a que vous qui puissiez arriver à cette attitude. La grâce vous a été donnée, je me sens incapable de faire ce que vous faites.

– Magda, c'est plus simple que tu ne le penses. En priant, tu établis une relation intime avec Dieu, il suffit de passer de la relation personnelle établie au fond de l'âme au service intégral du plus pauvre. Se donner sans mesure : voilà l'amour donné de la croix, l'amour donné de la Résurrection.

– Les gens nous prennent pour des folles quand nous leur racontons ce que nous faisons !

– Subha, notre folie n'est pas différente de celle du Christ que l'on a exclu pareillement. Avec lui, nous devons aller à la racine de l'amour, le porter jusqu'au plus profond de la misère, de l'horreur, du cloaque ! Aller chercher les êtres, les âmes torturées par le manque d'être. Nous devons aller jusqu'au bout de l'humain, jusqu'à cette lisière impossible de la déchéance pour ramener un souffle, un éclat de regard, une pression de main, un sourire entrevu. Il faut rendre visible la caresse d'amour que le Seigneur demandc dc poser sur l'âme des exclus ! Nous ne sommes pas des médecins, des travailleurs sociaux, nous sommes des chasseurs d'êtres, des chasseurs d'âme perdues.

– Mère, ce que les sœurs m'ont dit à St Mary's School n'a pas entaché mon désir de vous suivre, au contraire, reprend Magda.

– J'espère que ce n'est pas moi que tu suis mais le Christ...

– Je dirais que c'est l'appel particulier que vous a fait le Christ qui m'attire. Mon rapport à la religion chrétienne, je ne l'ai eu qu'au travers de religieux européens. Votre manière d'être indienne me touche en profondeur et me fait découvrir l'universalité du Christ !

– Et tes parents, que disent-ils ?

– Ma mère ne comprend pas ce choix. Ce sera très difficile pour moi, mais je suis là !

– Merci Magda, nous ne pouvions entendre plus belle profession de foi. Les Européens, en venant ici, ont fait ce qu'ils ont cru bon de faire, croyant que la grâce de Dieu suffirait. Si l'on ne rejoint pas l'autre dans sa chair, dans sa réalité culturelle et humaine, l'amour a du mal à prendre. La foi s'appuie alors sur l'organisation sociale. L'Église a été, ici en Inde, liée au pouvoir colonial, ce qui représente une limite, ce qui dresse des barrières ! C'est un Dieu nu sur la croix qui nous appelle à nous dépouiller des mécanismes occidentaux. Il faut sortir maintenant.

– Rendons grâce à Dieu pour ce moment béni ! dit Subha les larmes aux yeux.

– Acha ! répond Teresa en essuyant les yeux de Subha. Ce n'est pas le moment de s'attendrir.

Elles sortent toutes les trois. Magda prend la direction de la petite école. Teresa et Subha vont vers les taudis.

Il fait chaud et humide. Le golfe du Bengale charrie des moiteurs et des rêves, des langueurs et des peines. Un homme se place devant elles les bras en croix. Il est décharné, le visage mutilé par une maigreur extrême. Il ne tient plus debout :

– Ange ! Ange ! Vous êtes deux anges de Brahmâ. Emmenez-moi !

Il tombe sur ses genoux et gémit de douleur. Teresa d'un regard invite Subha à l'aider, elles le redressent.

– Ange de Motijhil, aidez-moi à quitter ce corps pourri. Aidez-moi. Il me reste trois annas, je vous les donne. Kali [1] est dure ! Kali ne m'aime pas !

1. Mère Divine. Kali donne et reprend la vie.

Teresa tente de l'asseoir sur le semblant de trottoir qui borde la rue bouillonnante, les rickshaws s'activent en criant, les marchands à la sauvette, les mendiants…

Personne ne regarde la scène, les plus pressés bousculent Teresa qui prend trop de place à leur goût. Pourtant le vieil homme est là, tout entier dans sa pesanteur d'humain. Dans sa densité d'homme, que l'amour a dû visiter. Cet homme décharné qu'une mère a mis au monde avec infiniment de tendresse, avec fierté et honneur. Il a dû grandir dans le regard de sa maman, dans la tendresse de son père, de ses frères, il a dû à son tour aimer une femme, lui offrir les enfants que ses reins portaient en puissance.

Il a dû aimer à en frémir, éprouver le désir, la volupté, l'ivresse d'un baiser, la jouissance, l'infini d'un regard. Toute cette histoire gisait là sur le trottoir. Teresa le sait. Elle lui parle en bengali :

– Dieu t'attend, mon enfant, tu es un de ses enfants, un bel enfant…

Le vieil homme la regarde, il sourit imperceptiblement. Ses lèvres cuites esquissent un signe, un balbutiement de réponse.

– Tu es attendu par Dieu, ton père…

– Mon père ?

– Oui, Dieu est ton père…

– Tu es catholique, tu n'es pas indienne !

– Elle est indienne ! s'empresse de rectifier Subha. Elle est plus indienne que bien des Indiens.

– Tu es la Mère de l'Inde alors… Parce que tu es pleine de compassion pour moi. J'ai vécu comme un cochon sauvage, comme un chien et toi tu m'aimes…

Le vieil homme gémit. Il tremble, convulsif. Subha craint qu'il ne meure.

– Mère, il faut l'emmener..

– Où ? Nous n'avons pas d'endroit. Il va mourir, nous n'aurons pas le temps d'aller à l'hôpital.

– Kali, Kali là-bas ! Je veux mourir là-bas… à Kalighat…

La foule qui passe dans la rue rend toute manœuvre difficile. Elles ne peuvent pas le soulever. Le vieil homme râle. Teresa cherche un endroit décent où le poser pour que son dernier instant soit paisible. Subha lui essuie le front.

Teresa aperçoit de l'autre côté de la rue, un recoin à l'abri des passants. Elle invite Subha du regard à l'aider. Elles transportent le vieil homme et entreprennent de traverser la rue. Des bordées d'injures les accompagnent, certains leur hurlent dessus disant de laisser ce pouilleux tranquille.

La traversée est douloureuse. Elles ont l'impression de porter la mort avec elles. Elles ont le sentiment de tracer une zone d'ombre, de partager la rue en deux. Comme si elles définissaient une autre rive !

Les gens les contournent pour éviter tout contact. On ne les regarde même pas.

La peur de cet état fait fuir le regard.

Elles avancent péniblement, aucune aide, aucun secours. Les rickshaws ne tarissent pas d'insultes, un agent de police leur fait signe de se dépêcher.

Elles peinent à rejoindre le trottoir d'en face, comme une berge trop lointaine, comme si leur marche tendait à relier les vivants et les morts, à jeter un pont, une passerelle entre deux mondes.

Une violence invisible les entoure. Elles touchent à quelque chose d'interdit. Elles touchent le corps qui se vide de son être, de son essence, elles touchent la mort. Elles touchent l'âme qui s'apprête à appareiller pour le voyage vers la voie de la lumière ou vers la voie de l'ombre. Elles touchent l'intouchable.

Teresa ressent cette lourdeur de haine sourde, de mépris retenu, de rejet absolu.

Elles ont fendu la foule, elles ont franchi le gué. Elles ont porté plus que ne le peuvent deux femmes menues et malhabiles.

Elles ont traversé les regards.

Elles installent le vieil homme dans une sorte de niche. Teresa lui parle sans cesse :

– Ton être va commencer le voyage divin, il va revenir à sa source.

– Tu es la Mère toi, tu es la Mère divine. Je vais mourir… Ô Kali, Kali… Montre-toi, Kali…

L'homme tremble, une frayeur étrange se lit dans ses yeux. Une panique. Teresa lui soulève légèrement la tête. Il veut dire quelque chose mais ses forces l'abandonnent.

Subha lui donne un peu d'eau. Il ne parvient plus à déglutir.

Teresa agenouillée a posé la tête du vieillard sur sa poitrine. Elle le berce en fredonnant une prière. Le vieil homme chuchote encore :

– Les mains que tu as caressées ont versé le sang.

Teresa l'écoute de tout son être. Elle ne dit rien, elle redouble de tendresse. Le vieil homme se glace. Subha lui réchauffe les mains. Il continue :

– Il me voulait du mal alors je l'ai tué. Son sang est retombé sur moi.

– Tu vas revenir vers le Père…

– Non, j'ai du sang sur mon âme…

– Dieu est amour.

– Non, mon karma est terrible, j'ai souillé mon cœur avec du sang que j'ai versé moi-même.

Teresa chante encore. La rue ruisselle de monde. Personne ne se préoccupe du drame de cet homme, personne ne semble le voir, le sentir, le pressentir.

Sa présence n'effleure aucun passant. Teresa le sait, elle redouble d'attention :

– C'est une faute que Dieu t'a pardonnée. Tu ne peux pas réparer ce que Lui seul peut réparer.

– Brahmâ va me foudroyer ! Je suis un assassin et un voleur ! J'ai volé le bien de Brahmâ, j'ai volé la vie qu'il a manifestée…

– Non, tu t'es manqué à toi-même ce jour-là. Tu as perdu pied et tu as agi malencontreusement.

– Je voulais le tuer, j'avais de la haine…

– Dieu t'a déjà pardonné, tu dois te pardonner à toi-même.

– J'avais une vie normale et depuis, regarde, je suis un déchet…

Subha s'approche de l'oreille de Teresa et lui glisse tout doucement :

– C'est un Brahmane ! Sa famille appartient à la plus haute caste…

Teresa fredonne toujours sa prière :

– Shanti[1] ! Shanti ! La paix vient avec Dieu qui

1. Paix.

t'appelle. Tu n'es ni un voleur de vie, ni un assassin. Tu es un homme comme tous les hommes avec tes failles. Dieu sait qui tu es.

– Je ne suis plus un homme.

– Shanti, Dieu est amour, il te reconnaît pour un homme !

– Comment peux-tu dire qu'il est amour ?

– Si Dieu n'était pas amour, nous ne serions pas là avec Subha à te parler. Nous n'aurions pas traversé la rue. Nous t'aurions laissé pourrir comme les autres font !

– C'est vrai ! Tu as de l'amour pour moi. Toi aussi petite Subha, tu es belle…

– Je vous aime ! dit Subah. Je vous aime comme Dieu m'aime, et c'est du même amour que je vous aime.

– C'est beau. Redis-le encore petite Subha.

– Dieu vous aime parce que je vous aime. Vous allez partir le retrouver. La voie de la lumière devant vous…

– Le retrouver ? C'est la voie des ombres qui m'attend, comment pourrais-je le retrouver ?

– Comme après un long voyage. Vous avez souffert, il va vous consoler.

– Tu crois qu'il me reconnaîtra ?

– Il te reconnaîtra comme Subha t'a reconnu ! dit Teresa.

– Je peux partir en paix ?

– Shanti, oui, tu peux partir en paix ! lui répond Teresa.

– Je n'ai plus peur.

Le vieil homme s'apaise. Il ferme les yeux au bout de son épuisement.

Il se laisse aller, il détend son visage, il entrouvre ses lèvres, il relâche ses poings.

Quelque chose se desserre à l'intérieur de lui. Teresa chante encore, Subha prie.

La rue efface les traces des hommes qui circulent, elle efface les regards, les images. Le vieil homme résiste. Il ne veut pas être emporté par le flot dévastateur de l'avenue, il s'accroche aux paroles de Subha :

– Dieu m'aime, comme il t'aime. Tu m'aimes parce que tu aimes, tu m'aimes pour aimer !

– L'amour se suffit à lui-même !

Teresa sent qu'il va mourir. Elle dit à Subha :

– Pose un baiser sur ses yeux.

La jeune fille sans hésiter se penche sur le vieillard et l'embrasse. Il a comme un sursaut, comme un élan. Il se contracte un peu et repose sa tête sur le cœur de Teresa. Il s'éteint dans un murmure, comme une lampe à huile épuisée jusqu'à la dernière gouttelette.

Teresa chante. Subah désemparée lui demande :

– Qu'allons-nous faire ?

– Il n'y a plus rien à faire. Nous avons réussi à ce qu'il ait eu une mort paisible, sa belle mort.

– Sa belle mort ?

– Oui, Subha. Il a vécu toute sa vie comme un chien, il est mort comme un homme accompli, en paix et dans la dignité.

– Mère, je suis bouleversée.

– Va prévenir le Temple de Kali. J'attendrai que tu reviennes.

17

Calcutta, le 16 juillet 1949

L'appartement de Creek Lane déborde. Elles sont maintenant une dizaine. Dix saris blancs, la croix du chapelet accrochée à l'épaule gauche. Subha demande à Teresa :

– Mère, vous devez nous enseigner la manière d'être des religieuses.

– Subha, il nous faut être patientes. Nous devons attendre l'autorisation de l'Église avant de nous prétendre religieuses.

– Plusieurs fois nous avons eu des remarques de prêtres catholiques, dit Dorothy, ils ne comprennent pas ce que nous faisons.

– Les prêtres hindous nous interdisent les abords de Kalighat[1]… rajoute une nouvelle recrue bengali.

1. Temple de la Déesse Kali, la Mère Divine, près duquel les Hindous viennent mourir.

– Je sais, répond Teresa. Le temps viendra où ils nous connaîtront pour ce que nous sommes. Notre règle de vie doit être exigeante, non pas en apparence mais pour nous-mêmes. Le travail que nous faisons ne peut se faire que si notre vie intérieure s'épanouit, que si la charité nous irradie. Il vaut mieux commettre des erreurs avec amour que de faire des travaux prodigieux avec méchanceté. Ce n'est pas le résultat qui compte, c'est la manière d'être. Sinon, nous serions des travailleurs sociaux, et nous n'aurions qu'à nous engager dans la municipalité de Calcutta. Notre rythme de vie doit être en harmonie avec notre rythme intérieur et nous ne devons pas nous dérober.

– Mais notre travail parfois nous éloigne d'ici et des moments de prière ! s'inquiète Magda.

– L'essentiel consiste à laisser Dieu t'envahir et vivre Sa vie en toi, au travers de toi dans Motijhil ou ailleurs. Ainsi le malade et le souffrant trouveront en toi un ange de réconfort et de consolation. Les enfants des rues trouveront en toi la maman ou la grande sœur qui porte sur son sari un fragment bleu du ciel… Qu'ils soient hindous, musulmans, sikhs, bouddhistes, peu importe, tu dois les aider à retrouver Dieu en eux, tu dois les inviter par la tendresse à se laisser envahir par lui. Quel que soit le nom du Dieu qu'ils chantent ! Le Christ au centre de nous-mêmes récapitule toutes les paroles, tous les noms de Dieu qui gisent dans leurs cœurs. Il faut par une attention particulière les éveiller à eux-mêmes.

– Je ne vois pas bien par quel geste nous pouvons réaliser cet éveil ? s'inquiète Magda.

– Considérez que vous êtes ces femmes qui dans le récit de la passion du Christ viennent porter les parfums, les myrrhophores ! Le corps qu'elles viennent parfumer n'est plus là ! L'être de leur Dieu est de l'autre côté du corps qu'elles cherchent à toucher ! L'être profond des personnes est de l'autre côté de l'amas de chair que vous avez devant vos yeux. Il faut aller le chercher, et en prendre soin. Même si vos yeux ne le voient pas, votre cœur doit l'entendre gémir, pleurer, s'angoisser, dans la prison de sa misère. Le corps du souffrant est le corps du Christ. Vous êtes des pietà.

– Mère, nous sommes différentes des autres religieuses. Le sari n'est pas un habit de religieuse, ne devrions-nous pas en prendre un ? interroge Magda.

– Notre sari est un habit sacré. Et le sacré n'est pas lié à la forme de l'habit mais à son sens. Et ce que nous sommes en vérité, c'est ce que Dieu fait de nous, si nous le laissons agir en nous. La règle permet de structurer notre mental, notre caractère, afin de parvenir à cette réalité. Ta véritable personnalité n'est pas celle qui se montre dans la vie sociale, mais celle qui, dans le secret, combat sans cesse pour s'unir à Dieu…

– De quel combat s'agit-il ? demande Subha.

– Par votre culture indienne, vous baignez dans la recherche de la conformité à l'Essence. Vous avez une image qui peut vous aider à comprendre ce combat intérieur. Votre sagesse décrit la personne comme composite, le « moi » et le « Soi ». Le « moi » étant votre nature, votre ego et le « Soi » étant le divin enfoui à l'intérieur du cœur. Le Christ en nous est d'une certaine manière ce « Soi » dont vous connaissez le principe. Ainsi, laisser le Christ agir en nous-mêmes efface notre ego pour que ce Divin Soi, Notre Seigneur soit le seul maître à bord. À partir de ce moment-là, nous sommes libres, nous ne sommes plus esclaves de nos sentiments, de nos problèmes psychologiques, de nos tentations, de nos passions et de nos faiblesses. Il s'établit une sorte de distance entre ce que je parais et ce que je suis en réalité. Je suis ce qu'il Est ! Mais pour parvenir à se laisser épouser par le Christ et à l'épouser, il faut une ascèse, une règle de vie stricte. L'obéissance par exemple n'est pas autre chose que de se soumettre au Christ en nous, pas de manière individuelle, mais de manière communautaire, sous le regard et le discernement des autres et de ceux qui sont en charge de l'autorité spirituelle, les supérieures ou le père spirituel.

– Je suis sûre que si l'on parlait de l'Église de la manière dont vous venez d'en parler, tout le Bengale viendrait s'y faire baptiser, plaisante Margareth.

– L'Église est ainsi. Il y a parfois un décalage trop grand entre ce qu'elle montre et ce qu'elle est en réalité. Elle est constituée de personnes qui souffrent du même éloignement de Dieu que chacun d'entre nous. Ce qui se vit de manière individuelle se vit collectivement. Nous sommes toujours dans le paradoxe que la Bhagavat Gita[1] décrit avec poésie. Krishna représente le « Soi » et Arjuna le « moi », la personnalité et l'individualité. Ils sont tous les deux sur le même char qui est l'être. Arjuna combat et Krishna conduit le char. Arjuna est persuadé que tout vient de lui alors que tout vient du Dieu Krishna. Si l'on transpose cette image, l'on voit bien que, plus on laisse le Christ agir, plus notre être s'épanouit et donne du fruit.

---

1. Texte Sacré de l'Inde : *Le chant du Seigneur*, fragment du *Mahabharata.*

– « Laisse là toute autre forme d'occupation et abandonne-toi à Moi » chante Subha. C'est un de mes vers préférés de la *Bhagavat Gita.*

– Mais, il y a une chose, Mère, qui ne me paraît pas évidente dans votre comparaison ! commente Magda. Si je comprends l'analogie entre le « Soi » et le Christ, le Christ est pour moi quelque chose de plus que le « Soi ». Il n'est pas qu'un simple principe, il est une personne divine qui vient donner sa vie pour sauver tous les hommes. Ici, en Inde, cette notion n'est pas perceptible, nous sommes dans la logique du karma et de la réincarnation. Le Christ s'est sacrifié une fois pour toutes et pour tous ! Par lui les « hors castes » mêmes peuvent avoir la vie éternelle, alors que les dévots hindous l'espèrent après plusieurs cycles de vie ?

– Ta remarque est pleine de sens. En ce qui concerne l'analogie entre le « Soi » et le Christ, ce n'est qu'une analogie. Cependant, elle exprime l'immanence du Christ, « Dieu avec nous », qui se rend présent de deux manières : par le pain eucharistique et dans le pauvre. Le pain eucharistique revient à dire que le Christ est le pain : « Ceci est mon corps ! » Le pain de vie qui est le Soi, le Christ en nous. Ensuite, le pauvre représente justement le plus que tu revendiques. Le Christ personne divine est sorti des limites de l'espace sacré de la société de son temps, pour justement ramener ceux qui en étaient exclus, en manifestant son agapê, son amour infini. Ici, en Inde, l'organisation des castes est exclusive, même si elle reflète une certaine réalité spirituelle. Le Christ en tant que Verbe de Dieu, principe et fin de toute chose abolit tout système ancien, que ce soit la loi juive ou les formes sociales liées à l'hindouisme ou tout autre forme religieuse, pour ramener l'ensemble de l'humanité au Père, au Principe, à l'Origine. Il est allé jusqu'au bout de la finitude pour tout récapituler et tout réconcilier.

– Quand on s'approche d'un malade dans la rue, on entend dire, ne le touchez pas, c'est son karma ! dit Shuba.

– Une fois, j'ai été chassée d'auprès d'une vieille dame, à coups de pierres, sa famille ne voulait pas que je la touche ! renchérit Dorothy.

– Le karma[1] est le manquement de l'être et le Christ l'a effacé à jamais pour celui qui met sa foi en lui.

– Et la réincarnation ? En Inde beaucoup de chrétiens continuent à y croire ! s'interroge Magda.

– Le cycle des vies successives n'a pas de sens dès lors que le Christ a vaincu la mort le jour dc sa « Pâque » ! N'oubliez pas que le mot « Pâque » signifie passage. Il est passé de ce monde à Dieu, au Père et il a, par l'holocauste de sa vie, rassemblé en lui tous les hommes épars jusqu'à la fin des temps !

– Il n'est pas facile de dire cela à un Brahmane ! reprend Subha. Ils considèrent le Christ comme étant d'une autre tradition. Ils sont étonnés de nous voir déployer autant d'amour pour les mourants. Ils pensent que c'est inutile car pour eux, tout est joué d'avance. L'intouchable est dans l'Ignorance et tant qu'il est dans cette Ignorance, il lui faudra traverser plusieurs vies.

– Si l'Église donne autant de missionnaires, de témoins, de martyrs et d'apôtres de la charité, c'est bien parce qu'elle détient la clé du salut, la clé du karma. Le

1. Rétribution des actes, loi de cause à effet.

Dharma[1] décrit pourtant la récapitulation de la fin des temps ! explique Teresa.

– Oui, mais dans une perspective hindoue. Le Christ s'il est un Dieu, n'est qu'un avatar de plus ! insiste Subha.

– Notre but n'est pas de les convertir théologiquement, notre but est de les prendre à bras le cœur, par l'amour. Nous devons rejoindre tous nos frères humains qui souffrent, quelle que soit leur religion. Notre vocation est de les aimer afin qu'ils aiment le Dieu producteur des êtres, le Dieu Amour caché derrière le masque de tous les panthéismes.

– La lumière n'a pas de couleur, dit Magda.

– Elle les contient toutes, continue Margareth.

– Elle est en tout homme, conclut Teresa, à nous de la leur faire découvrir. C'est en s'oubliant que l'on se trouve, c'est en mourant qu'on ressuscite !

L'heure du repas de midi sonne.

Elles prient l'office de sexte. Elles chantent, semblables, unies par une même volonté.

Une majesté, une noblesse.

L'ambre du milieu du jour les auréole d'une légèreté imperceptible.

L'enseignement de Teresa s'est posé comme une manne sur ses compagnes. Le petit groupe qu'elles forment est un germe, la semence d'une plante dont elle ne connaît pas le devenir.

---

1. Loi sacrée.

L'œuvre commence à peine, quelques layons se dessinent, quelques sentes de chasse : la petite école, des dispensaires ambulants, une ladrerie, le foyer des mourants, le home d'enfants, l'asile des fous…

Derrière chaque pauvreté se cache une lumière, derrière chacun des masques de la fatalité se cache une vie qui s'éteindrait trop vite, si on ne la découvrait pas à temps.

Teresa leur dit encore :

– Si ton regard ne s'arrête pas un instant sur la flamme qui incendie la pupille d'un œil, elle meurt sans être.

Teresa ne s'inquiète de rien. Aux questions matérielles pressantes de ses compagnes, elle les renvoie à la Providence divine. Elle sait bien que ce ne sont pas leurs moyens inexistants qui pourraient mettre en chantier tous leurs projets. Elle les exhorte encore une fois à faire comme si on ne faisait pas et à être de plus en plus présentes auprès de ceux qui vivent dans l'absence totale d'eux-mêmes.

Elles partagent un bol de riz mouillé de dal, saupoudré d'une pincée de sel.

Elles mangent en silence, écoutant une lecture accompagnée à la flûte par l'une des filles de la famille Gomes.

La lecture se termine par : « Dieu, reste avec moi. Ne permets pas qu'une seule parole passe mes lèvres si elle n'est ta parole, qu'une action soit faite par moi qui ne soit ton action… »

18

Calcutta, le 7 octobre 1950

Les journées de Teresa sont longues, jusqu'à l'épuisement du souffle. Elle peine sans rien laisser paraître de sa langueur intérieure. Depuis l'élan prodigieux qui fit germer son œuvre, son être est comme privé de sens, comme absent à lui-même.

Une nuit obscure la tient hors de l'enceinte amoureuse du cœur.

Les compagnes tournent autour d'elle, avec une joie permanente, un bonheur toujours renouvelé, mais son esprit est sec comme un figuier sans sève.

Sa prière est vide, sa méditation désolée, sa contemplation nuageuse. Des bouffées de ténèbres l'envahissent sans cesse.

Elle ne sent plus l'Être de Dieu en elle, elle ne sent plus ce Soi que le sannyasi avait vu dans l'éclat de son regard.

Elle ne sent plus son Seigneur.

Elle vit dans cette nuit obscure, une nuit sombre de l'âme.

Elle pense au voile qui s'est posé sur le regard du Christ sur la croix lorsqu'il cria : « J'ai Soif ! » À cet instant où tout n'est pas encore achevé, où tout est dans un mouvement, suspendu vertigineusement hors de toute existence. Ce cri est un manifeste de la nuit de l'humain, de la nuit de l'homme perdu, maculé de cendres, maculé par ses cassures et ses inhumanités.

Elle conçoit que cette nuit n'est pas un oubli de Dieu, mais une absence d'elle à elle-même.

Elle en saisit la nécessité. Comme s'il fallait se vêtir de la croix.

La nuit, n'est-ce pas le poids de la croix ?

Comme ce poème cent fois recommencé, cent fois manduqué jusqu'au vertige :

« Par une nuit obscure
Étant pleine d'angoisse et enflammée d'amour...
Je suis sortie sans être vue.
Tandis qu'à l'abri mon cœur était déjà en paix ! »

Teresa distille cette morsure qui ne desserre jamais son étreinte.

Est-ce la nuit de l'Inde ? La nuit du Bengale ?

Toutes les spiritualités aspirent à l'exigence d'amour ressentie sur la pointe fine de l'âme, au désir de salut qui ne peut venir que de Dieu. Elle ne touche plus rien !

Elle ne sent plus le lien de son âme avec Dieu, elle ne perçoit plus la fraîcheur de l'Esprit quand il passe, elle ne frémit plus. Elle ne ressent plus cette douce chaleur qui prenait ses entrailles.

Où est-il cet Époux, ce Jésus tant aimé ?

Elle prie sans prier, elle accomplit les gestes, elle récite les mots. Elle n'y trouve plus aucun sens, elle n'y reconnaît plus de parfum.

La messe lui paraît longue, lassante et impossible.

Teresa se replie sur elle-même au creux de sa voussure, pour reprendre son souffle, pour inspirer un peu d'amour, pour respirer Dieu.

Rien ne se passe plus.

Morte à elle-même, morte au-dedans.

Cette sensation de n'être qu'un poids, qu'une épaisseur lui fracasse ce qui lui reste de cœur.

Elle tente de déchiffrer intellectuellement la portée de ce qu'elle vit. Elle n'y parvient pas.

Une contradiction. Un paradoxe. La grâce de l'œuvre et la déréliction de Teresa.

Faut-il qu'elle meure pour que la plante pousse ?

Fruition et sécheresse. Amour et insensibilité.

De la Divine présence à la Divine Ténèbre comme Béatrice de Nazareth[1] dans son monastère qui meurt sans cesse sans mourir, plongée dans un crève-cœur insatiable.

Nul accomplissement, nul ravissement, nulle délectation. L'angoisse de ne pouvoir rien saisir. Le rien pour le tout !

Todo es nada ! Tout est néant !

Le toucher de l'esprit.

N'est-ce pas le lot des sâdhus que l'on voit à l'entrée des Temples, hiératiques et impavides ?

---

1. Mystique du XIIe siècle auteur des *7 degrés de l'Amour*, né aux Pays-Bas, comme Hadewich d'Anvers.

N'est-ce pas le tribut qu'elle paye à cette culture de l'impassibilité ?

La sagesse hindoue passe par ce détachement complet de l'ego et de la personne. Ne vit-elle pas ce paradoxe ?

Le toucher de l'esprit.

Le Christ s'incarne dans la plasticité qui l'accueille, ici Teresa est pétrie de terre indienne, de sons, de mots, de gestes, de japas[1], de kamas[2], de toutes les manifestations de l'amour, de la bakhti[3].

N'est-elle pas absorbée dans cette logique du « moi » et du « Soi » qui s'opposent et s'annulent ?

Le toucher de l'esprit.

Céleste ne lui donne pas non plus de réponse.

La difficulté augmente quand elle se trouve en communauté.

Elle souffre de sentir son ventre stérile, sa soif sans soif, son désir sans désir, son amour sans amour.

Elle prononce les concepts mais ne leur reconnaît aucune valeur. Ses intentions spirituelles se gonflent et se dégonflent comme les baudruches que l'on donne aux enfants pour la fête de Ganesh.

Depuis le voyage à Darjeeling, il lui semble avoir perdu le contact avec son âme même. Comme si Dieu lui avait donné un baiser et s'était enfui comme un voleur.

---

1. Répétition d'une formule sacrée ou d'un mantra.
2. Désir amoureux.
3. Intense dévotion à la personne de Dieu.

Elle étudie Jean de la Croix, à la nuit traversée d'éclairs et de tonnerre jusqu'à l'aube entrevue.

Elle compare sa nuit avec la sienne. Celle de Teresa est intenable, elle ne contient que des tortures.

La communauté commence sa journée par cette grande prière des laudes et par l'adoration du Seigneur.

Tout ce temps Teresa assiste, participe mais ne savoure même pas une seule goutte de miel.

Si Jean de la Croix connaît la fin de son tourment dans la consolation, elle ne connaît ni le début ni la fin de la consolation.

Elle se demande dans cette nuit profonde, comment elle peut encore travailler, soulever l'impossible, briser la fatalité des karmas, caresser les enfants, panser les lépreux, soulager les agonisants.

Quelle force est en elle, si Dieu ne l'aide pas ?

Qui m'aide, se dit-elle ? La fatigue ne l'accable jamais, elle parvient à tout faire dans un état de grâce sans grâce.

Est-elle délivrée ? se dit-elle en pensant aux termes du Vedanta. Est-elle déjà unie au Père, l'Atman ou le Brahmâ ?

Elle n'a pas de réponse.

Cette nuit impossible comme celle de Jean de la Croix n'est-elle pas justement la demeure ? La paix n'est-elle pas cette distance entre l'illusion du monde et l'Ultime Réalité ? Le samadhi ?

En ne ressentant plus rien, en ne goûtant plus rien, en ne pouvant plus faire vibrer en elle le credo de sa foi, n'est-elle pas justement au sommet de sa foi, dans l'évidence ?

La nuit provient de la matière, de l'épaisseur qui voile la pureté du firmament intérieur. La « hylê [1] », le merrain, le bois qui protège mais qui cache et enferme.

Masque de bois, masque de chair, masque de peau, masque de psyché, masque de foi.

La nuit, n'est-ce pas lorsqu'on s'identifie au masque ?

Comme un jeu de sortilèges ? Une fantaisie ? Un jeu de cache-cache ? Un colin-maillard ?

Ou bien n'est-ce pas plutôt le signe que tout ce qu'elle entreprend est orgueilleux et vain ? N'est-ce pas le signe d'un rejet de Dieu ? Ne ferait-elle pas mieux de renoncer à tout, de demander pardon pour ses folies et de reprendre son travail à St Mary's School ?

N'est-ce pas la preuve que son projet vient de son imaginaire, tout comme cet appel dans le train ? Ne faisait-il pas chaud ce jour-là ? La moiteur rendait l'atmosphère étouffante, les sœurs qui l'accompagnaient buvaient sans cesse et s'éventaient autant qu'elles le pouvaient ? N'était-ce pas une hallucination ?

Un rêve ?

Un rêve… Une illusion de croire que l'on est par soi-même, que l'on crée par soi-même, que l'on agit par soi-même…

Ce vide lui donne le vertige…

1. La matière brute.

La nuit l'amplifie, l'angoisse, la tétanise comme si elle se trouvait au fond d'un labyrinthe.

Elle ne vit qu'à la surface de son être, en périphérie. Son insensibilité lui donne l'impression d'être une écorce sèche, une coquille de noix de coco.

Plus qu'un doute, c'est une absence totale du sens, une absence totale du dedans. Il ne s'agit pas d'un trouble intellectuel ou psychologique, un état dépressif, cela est bien plus profond. Elle a l'impression que son intérieur, sa personne sont déshydratés, racornis, asséchés…

Un combat ininterrompu.

Rien ne se trouve ailleurs qu'en Dieu.

Elle se souvient d'avoir lu au noviciat de Darjeeling en 1928, un livre de Vivekananda sur Sarada Devi, l'épouse de Ramakrishna, qu'on appela la Mère, tant sa sainteté traversa les frontières de l'hindouisme. En y repensant, elle se retrouvait dans cette femme indienne comme si elle en avait reçu quelque chose…

Sarada Devi vécut chastement auprès de son époux, dans une union spirituelle parfaite. Sa mère se plaignit qu'elle ne pût connaître les joies de la maternité. Ramakrishna lui répondit :

« Sarada aura tellement d'enfants qu'elle sera fatiguée de les entendre jour et nuit l'appeler mâ, maman ! »

Sarada vécut une déréliction totale jusqu'aux approches de sa mort. Elle ne connut que l'humble service qu'elle accomplissait auprès de son mari et des pauvres. Elle ne connut que le murmure de l'amour aux jointures du monde, entre le ciel et la terre.

Teresa se souvient que l'auteur avait souligné le fait que la maternité spirituelle de Sarada était le fruit de l'effacement complet de sa volonté propre, de son désir de faire.

En se vidant de toute possession, en se déliant de tout attachement, en se purifiant de tout avoir, elle pouvait accueillir l'amour par la présence de Dieu en elle et enfanter les hommes à Dieu.

Sarada était bengali. Avant les événements liés à l'indépendance et aux exils sans fin striés de sang et de cruauté, Teresa s'était rendue avec quelques élèves à Jayrambati, devant la maison de Sarada.

Un bananier trônait devant, planté là le jour de sa mort en 1920. La maison de Sarada est devenue un centre missionnaire chrétien où est installé un dispensaire grouillant d'enfants. Le dispensaire de Mère.

Teresa ce jour-là avait dit :

– Celui qui voit Dieu en tout et qui voit tout en Dieu, ne se sépare jamais de Dieu. Celui qui à l'heure de sa mort rejette sa guenille de chair, son corps parfois défiguré en pensant à Dieu cloué dans son cœur, celui-là rejoint son Être !

– Vous parlez comme Mère, lui avait répondu Sitâ, une de ses élèves préférées.

Ce souvenir fait monter les larmes aux yeux de Teresa. Elle tente de lutter contre cette émotion, en se riant du paradoxe qui la traverse. Elle ne ressent plus aucun frémissement spirituel, mais elle est bouleversée par le souvenir d'instants profonds, de rencontres remarquables.

Sarada Devi était sortie de sa pensée depuis bien longtemps. Cette irruption soudaine dans la mémoire n'était-elle pas un signe ?

Teresa Mère du Pauvre, Mère de Motijhil, Mère de Calcutta… Mère de l'Inde…

Teresa Mère Divine, visage de Kali…

Teresa frissonne. Elle tremble dans ce qu'elle croit être de la nostalgie ou, pis encore, de la mélancolie. Elle pense que cette résurgence est une tentation, un défi à sa raison d'être aujourd'hui, une projection orgueilleuse de son appétence.

Le visage de Sarada lui revient encore à l'esprit. Elle avait longtemps gardé une photo dans son bréviaire. Cette photo avait disparu quand elle fit son stage d'infirmière à Patna, en septembre 1948, avant de commencer son travail dans le bustee.

Sarada est d'une beauté indescriptible. Sa longue chevelure noire, coiffée sur le côté, lui caresse le ventre, son regard scintille à l'infini…

Teresa sent la maternité effleurer tout son corps. Ses entrailles s'ouvrent comme une fleur à l'intérieur, son être se dénoue, elle prie son Dieu, son Seigneur, en tenant dans ses mains les branches de la croix de son rosaire :

– Seigneur, ô mon Christ, aie pitié de ma souffrance !
Fais-moi aller du non-être à l'être !
Fais-moi aller de l'obscurité à la lumière !
Fais-moi aller de la mort à Ta Vie !

Sans se rendre compte de la grâce qui la submerge, elle murmure son chapelet comme une petite fille. Elle éloigne d'elle toute pensée, toute image, elle se rend définitivement à son maître et époux, à son Dieu.

Dans sa nuit qu'elle croit sans fin, elle sait à présent le nombre de grains de sable et les mesures de la mer. Elle sait que plus rien ne pourra lui arriver.

Elle semble de pierre, elle semble torse comme les racines d'un vieux figuier, elle semble durcie par les étoupes et les embruns, mais le rubis de son être éclaire tout autour, diffusant la lumière du Verbe. Elle ne sent que l'écorce et ne voit pas la sève qui monte de son cœur et qui pénètre tout sur son passage.

Elle n'a ni joie, ni peine, mais elle donne le bonheur. Elle partage le désir de se donner comme on plonge dans le Delta du Gange.

Nomade hauturière, au-dessus de la surface du monde, elle est sans être là. Nomade aux tentes lointaines, aux troupeaux d'herbes vertes, du Bengale aux extrémités de la terre. Nomade de l'aube blanche de l'instant unique de l'amour deviné à jamais, sa patrie est intérieure.

Le jour se lève. Le corps de Teresa est douloureux.

Elle s'habille.

Les filles dorment encore.

Elle se passe de l'eau sur le visage pour effacer les traces de la nuit, les griffures du doute, les givres de la peur.

Elle remet son voile. Elle pense une dernière fois à Sarada Devi.

Elle boit un grand verre d'eau et s'agenouille devant le tabernacle à l'angle du réduit qui leur sert d'oratoire.

Elle attend.

Comme une réponse à sa nuit, la porte s'entrebâille. Céleste entre. Teresa de dos reconnaît sa présence. Elle se signe et se redresse.

– Je n'ai pas dormi de la nuit ! lui confie-t-elle.

Céleste sourit. Teresa ne comprend pas pourquoi. Elle insiste :

– Des doutes m'ont assaillie quant au bien-fondé de notre œuvre. La reconnaissance de l'Église tarde. N'est-ce pas le signe de la vanité de ma démarche ? Suis-je assez abandonnée au Seigneur pour mériter une telle responsabilité ? Je ne sens plus rien. Je vis dans une nuit du Sens, une nuit du cœur terrible. Ne suis-je pas en train de fourvoyer ces jeunes filles ?

Céleste ne dit rien, il la laisse parler, comme pour lui laisser vider un sac en goni trop lourd à porter sur l'épaule.

Teresa continue en lui demandant pardon :

– Dans la tempête de la nuit, beaucoup de choses m'envahissaient l'esprit, des mélanges curieux, des réminiscences paradoxales. J'enchaînais rosaire sur rosaire, rien n'y faisait. Des flots d'images, de souvenirs me noyaient toujours comme une mer recommençant à chaque vague. J'ai vu le visage de Sarada Devi et je me suis souvenue d'un livre que j'avais lu sur elle au noviciat. Elle me semblait familière…

– Vous voulez dire Mère ?

– Oui, je ne sais pas si vous vous souvenez, j'avais amené un groupe d'élèves dans son village natal où il y a un dispensaire missionnaire…

– Oui, je me souviens très bien. Ce souvenir est très intéressant ! renchérit Céleste. Poursuivez !

– Sarada m’a apaisée un moment, dans ma tourmente. Je pensais à la maternité humaine que je n’aurai jamais, et elle m’a apporté une réponse par sa propre réalité. Elle a vécu le même état de virginité que j’ai choisi de vivre en me consacrant à Dieu, et sa maternité fut plus importante que si elle avait été mère de famille. De plus, cela dénouait une difficulté qui me traverse : mon origine européenne. Sarada semblait me considérer comme une Indienne.

– Ce que vous me racontez est magnifique.

– Ce n’est pas très catholique !

– Mais bien sûr que si ! Catholique veut dire universel. Tourné vers l’Unique. L’Inde est tournée vers l’Unique, la sagesse est partout. Mère vous a reconnue comme Indienne et comme Mère, c’est extraordinaire.

– N’est-ce pas syncrétiste ?

– Syncrétiste ? Qui vous a mis une idée pareille dans la tête ?

– Le couvent m’a formée dans la méfiance du syncrétisme ici, en Inde !

– Laissez les Crétois tranquille !

– Qu’est-ce que les Crétois ont à voir la-dedans ?

– Eh bien, ils ont à voir que le mot syncrétiste vient du grec « sugkrêtismos » qui signifie littéralement : union des Crétois.

Teresa rit aux éclats.

– Vous n’êtes pas Jésuite pour rien, vous avez réponse à tout, vous pourriez justifier toutes mes contradictions et tous les paradoxes !

Céleste en rajoute :

– Sarada Devi n’est pas crétoise que je sache… c’est une sainte bengali ! Les jésuites ont une qualité, celle de reconnaître chez tous les hommes l'empreinte de Dieu qui est en eux !

– C'est bien vrai. Mais l'âme de l'Inde est panthéiste.

– On ne peut pas dire cela de manière aussi simplifiée et aussi catégorique. L'âme de l'Inde est tournée vers Dieu, les formes religieuses qui constituent le langage entre Dieu et les hommes sont parfois panthéistes, mais essentiellement tournées vers l'unité d'un Dieu transcendant et absolu, d'un Père, la non-dualité du *Vedanta* [1] l'atteste tout de même....

– Je me sens comme suspendue entre deux mondes... Sur deux rives, sur deux peuples, entre deux domaines, celui du doute et celui de l'évidence.

– L'ombre et la lumière..

– Mais pourquoi cette nuit, cette ténèbre qui me broie ? J'ai repensé aussi à Jean de la Croix...

– Cette nuit est votre Samadhi, c'est une des béatitudes !

– C'est difficile.

– Je m'en doute. Si je puis me permettre une analogie, cet état serait comme le bombyx du mûrier dedans sa chrysalide avant de devenir papillon.

– Est-ce Dieu qui m'y plonge ?

– Si ce n'est pas Lui qui est-ce alors ?

– Mais après bien des grâces...

– Écoutez, vous avez reçu et l'âpreté de votre mission doit se nourrir d'une certaine ascèse..

– Je ne sais pas si je pourrai continuer longtemps dans ce trouble.

1. Recueil des écritures sacrées de l'Inde.

– Ce n'est pas à vous d'en juger. Ce que je viens vous dire ce matin en est l'assertion. L'archevêque m'a chargé de vous remettre cette lettre par laquelle il reconnaît les Missionnaires de la Charité comme nouvelle congrégation à Calcutta.

Teresa tombe à genoux. Céleste sourit. Après un long silence, il dit :

– Les visites que vous avez eues cette nuit étaient concordantes avec la nouvelle que je vous apporte. Cette congrégation est indienne, vous en êtes la Mère. Le visage de Sarada ne disait pas autre chose. Lorsque la fleur s'ouvre, les abeilles viennent.

Teresa sonne la petite cloche. Les jeunes filles au sari blanc bordé de ciel viennent près d'elle.

– Nous voici Missionnaires de la Charité ! Missionnaires de l'agapê.

19

Castelgondolfo, le 14 septembre 1990

L'exil de la finitude. La limite de la chair, la limite du contour, de la bordure, l'esclavage du cadre.

Une impossible fenêtre.

Le temps a strié le visage de Teresa comme une griffure, un arrachement.

Ce dimanche de fin d'été, le palais des villégiatures du pape flamboie de mélancolie. Teresa ne scrute plus devant, elle porte son corps comme un vase ébréché prêt à se briser au moindre sursaut. Elle est sur l'ultime versant.

Quatre-vingts ans, deux fois le désert des Hébreux, deux traversées arides, deux vies, deux courses, deux parcours.

Dans le petit salon, elle attend l'heure de l'Angélus, ce moment qu'elle possède en elle, par une sorte de temps inscrit dans la cadence de son cœur et qui chaque jour la fait tressaillir.

Elle attend à l'ombre du soleil de midi.

Le pape Jean-Paul II va dire les paroles de l'Ange. Elle aime l'être de cet homme, elle aime son geste, son parler, sa marche et la manière qu'il a de rire.

Elle le guette, elle reconnaît en lui l'autorité, non pas dans le premier sens tout humain de pouvoir, mais dans sa noblesse sémantique : faire croître...

Elle aime quand la mèche blanche de ses cheveux décoiffée par une brise légère lui cingle le visage et qu'il souffle dessus comme pour la chasser, un père...

Le visage de Kol, son propre père...

Elle est venue lui dire le bout de son parcours, la lassitude. Elle ne veut plus tenir l'impossible. Elle ne veut plus ne plus pouvoir. Elle est venue lui demander de se retirer, de ne plus assumer la charge de sa congrégation aujourd'hui riche de plusieurs milliers de membres et de vocations dans de nombreux pays.

Elle veut laisser son souffle s'en aller lentement, dans le silence de sa chambre, elle voudrait monter sur un arbre et ne plus en descendre, comme le sannyasi.

Elle voudrait attendre sans être vue, sans être croquée, sans être dévorée par le regard de tous. Elle voudrait s'appauvrir encore et encore pour n'être plus que l'esprit conjugué par l'Esprit et retourner à Dieu sans rien dire à personne. Un hiéroglyphe du Verbe, une enluminure de son Nom.

Dans la petite alcôve, près d'elle et de la sœur qui l'accompagne, un jeune couple attend lui aussi l'heure de l'Ange. Elle mesure combien l'être des hommes est beau. La jeune femme porte en elle une promesse, le ferment d'un amour, le reflet du devenir. Teresa la regarde et pense que le « oui » que l'on exprime lorsque se présente l'Ange est le seul « oui » qui soit. Il lie et il délie le cœur à l'Infini.

Elle lit dans les yeux de ce couple si proche, un désir au-delà de leur propre désir. Elle s'avance et sa main effleure la joue de la jeune femme, elle se reconnaît au début du chemin, dans le frémissement qui précède l'instant où l'on va tracer la première lettre, un frisson…

Le jeune homme sourit, timide, elle le devine. Les nœuds qui nouent les vies n'emprisonnent pas l'être des personnes, si celles-ci regardent au-dessus de leur ligne de mire. Teresa sait combien le dédale de l'âme humaine peut nous perdre, les blessures, les doutes, les peurs, les échecs, les succès mêmes :

– Vous êtes beaux ! dit-elle en riant.

– Vous êtes encore plus belle, répond la jeune femme.

– L'être est fragile. Il faut bien le garder.

Teresa jette un regard vers la fenêtre, une légère agitation s'empare de la cour où attendent des centaines de personnes. Midi va bientôt sonner. Teresa prenant la main du couple dit à la jeune femme :

– Qui se regarde se détruit, qui regarde le Tout Autre et les pauvres se construit.

Le pape prononce les paroles de l'Ange et salue la foule en plusieurs langues. Il est à l'opposé de la fenêtre, sur le balcon, plein sud.

La cérémonie se termine. Il vient d'un pas décidé vers l'alcôve. Il salue le jeune couple qui s'éloigne, emportant le souffle d'un envol.

Il salue affectueusement Teresa qui ne perd pas une minute :

– Je veux me retirer.

Le pape s'approche de la fenêtre et contemple la foule des fidèles qui s'en va. Il pense à chacune de ces personnes, à leur histoire personnelle : combien de joies, combien de peines, combien de blessures, combien de souffrances portent-ils tous, derrière leur visage inondé de soleil ?

Il pense à l'humanité qui circule ainsi de siècle en siècle avec son fardeau de souvenirs et de mémoires. Il pense aux siens déjà partis, il pense à cet exil de la chair et du temps.

Il revient près de Teresa :

– Ce n'est pas encore le moment. Restez.

Teresa ne répond pas. Son corps est douloureux, sans forces, sans désir, comme un voussoir qui s'effrite :

– Acha ! Acha ! dit-elle pour elle-même, en pressant le bras de sa sœur pour partir.

Le pape les raccompagne. En chemin, elle s'arrête :

– Je ne peux pas vous dire ça à vous, mais je suis usée…

– Vous n'avez que quatre fois vingt ans !

– Le poids du travail est considérable, insiste-t-elle légèrement contrariée.

– Entourez-vous, mais restez ! Le Christ est en vous et le Christ ne démissionne pas !

– Acha !

Teresa repense à l'Inde, à la Sagesse des anciens.

– Mère Teresa de Calcutta est une mère et elle ne se dérobe pas devant ses enfants, insiste le pape.

– J'ai été jusqu'au bout du possible.

– Il vous reste à découvrir l'impossible.

– Mes facultés…

– Sont excellentes, vous avez la repartie plus fulgurante que jamais…

– Mais je perds la mémoire, Saint Père, je perds la mémoire… J'oublie…

– La mémoire n'est qu'une forme sensible de l'intelligence conjuguée à la volonté. En vous sanctifiant vous oubliez le superflu pour ne vous souvenir que de l'Essentiel. Ah ! si je pouvais simplement ne me souvenir que du Nom de Dieu !

– Très Saint Père, vous êtes incorrigible, vous n'avez aucune charité pour une vieille religieuse à bout de souffle !

– Comment donc ! Si je n'avais pas de charité je vous aurais dit : descendez de charge ! En vous demandant de continuer, je dis ce que vous vouliez entendre.

– Je vous aime !

– Acha ma Mère ! conclut le pape en guise d'au revoir. De sa main droite, il replace la mèche rebelle dans ses cheveux, avec un large sourire.

Mère de Calcutta, Mère des Missionnaires de la Charité, Mère de la ville, Mère des pauvres, Mère des mourants, Mère des enfants perdus, Mère des lépreux. Mère de tous.

Elle s'assoit un instant sur une chaise que lui tend un garde suisse. Elle se souvient des mots de sa sœur Aga : « Tu ne seras jamais mère ! » Elle se souvient de sa rencontre récente avec son frère Lazare qui reconnaissait en elle Drana, leur propre mère…

Mère de tous.

Tout tourbillonne dans sa tête. Elle se souvient de sa visite à l'ambassade de l'Inde à Rome lors de l'assassinat d'Indira Gandhi. Les Indiens lui dirent : « Maintenant vous êtes notre Mère. »

– Petite sœur, aide-moi à me lever.

– Oui, Mère.

– C'est vrai que je vous aime tous comme une mère aime !

20

Calcutta, le 5 septembre 1997

Teresa s'accroche à une odeur qui lui est familière. Elle en cherche l'origine.

Kalighat. Les ghats, les bancs sacrés où l'on s'assoit pour attendre Kali. Kali, la Déesse des Sources qui donne et qui reprend.

Le premier jour de l'ouverture du mouroir de Kalighat, cette odeur s'est inscrite en elle comme un parfum qu'on respire. L'odeur de l'être hors d'haleine, de l'être qui se dénoue, de l'être qui s'en va. L'odeur des humiliés du souffle.

Ce jour-là, elle avait apprivoisé Kali…

Elle se souvient de cette année 1952, quand elle obtint l'autorisation de s'installer dans l'ancienne hôtellerie attenante au Temple, afin de pouvoir accueillir les pèlerins de la dernière limite, qui venaient déposer leur fardeau sur le doigt du pied de leur Déesse, c'était au mois d'août.

Les conditions de travail s'en trouvèrent changées. Les sœurs pouvaient donner un minimum d'espace et de silence à chacun, elles pouvaient s'occuper presque intimement des agonisants.

Ce jour-là, en ramenant une vieille femme moribonde, Teresa fut prise à partie par un groupe de dévots à Kali.

– C'est une chrétienne qui vole nos morts ! Elle veut les convertir avant qu'ils n'expirent ! Il faut la chasser d'ici.

La tension montait, une bousculade s'engagea. Le prêtre, en charge du Temple de Kali, alerté par l'altercation, vint :

– J'ai vu comment cette femme s'occupe de ces pauvres gens. S'il y a quelqu'un ici qui est capable de faire ce qu'elle fait, je me sentirai le droit de lui dire de s'en aller.

Personne ne s'avança pour se substituer à Teresa. Elle dit :

– Je ne veux convertir personne. Je veux aider cette femme à mourir en paix, la réconcilier avec elle-même, avec son Dieu. Pour moi Jésus est Dieu, pour toi c'est Shiva, Krishna, pour le musulman, c'est Allah !

Le visage d'un jeune homme rongé par la maladie lui revient à l'esprit. Il se raidissait, convulsif. Teresa l'observait, elle perçut son angoisse. Tout en lui refaisant un pansement, elle se mit à lui dire à l'oreille :

– Tu es un être chéri de Dieu.

– Non ! répondit-il, je suis le plus pauvre des pauvres et Dieu ne prête pas attention à ceux qui se sont laissés ronger par la misère ! Et toi, pourquoi prends-tu soin de moi ?

– Partout dans le monde, il y a des riches et des pauvres, des très riches et des très pauvres, je suis chrétienne et pour moi aimer Dieu, c'est le servir dans le plus pauvre des pauvres…

– Mais je ne suis pas chrétien et Dieu n'est pas en moi.

– Dieu te cherche et mes mains t'ont trouvé ! Je te rends à Lui !

Le jeune homme sourit. Il se détendit et lentement s'éteignit. En le lavant, elle vit à son sexe circoncis qu'il était musulman. Un homme l'observait. Elle s'en rendit compte. Elle l'interrogea du regard, il répondit :

– Vous êtes extraordinaire. Je suis bouleversé par ce que je vous vois faire. Mother, je suis américain. Je veux vous donner une partie de ma fortune pour que vous puissiez faire votre travail dans les meilleures conditions, avec du matériel plus moderne…

Teresa le dévisage et lui tend un linge :

– Gardez votre argent. Je préfère que vous me donniez un peu de votre être, un peu de vous, voyez cette vieille dame, elle s'est fait dessus, allez la nettoyer…

L'homme hésita. Il s'approcha de la dame, mais il était dans l'impossibilité de s'agenouiller.

– Dieu est devant vous ! insista Teresa. Il est cette femme, allez, allez, vos dollars ne peuvent rien pour vous. Donnez-nous de votre être ! Mettez-vous à genoux !

Il éclata en sanglot.

L'odeur de Kalighat, l'odeur du pire, l'odeur de la vérité, comme le soufre.

Teresa inspire un peu plus fort pour sentir de manière plus ample.

Elle se sourit à elle-même.

Cet homme en pleurs lui rappelle encore un souvenir. Trois mollahs voulaient visiter le mouroir. Elle les accompagna et à peine entré, l'un des trois hommes resta en arrière. Teresa revint sur ses pas, à sa rencontre :

– Avez-vous besoin d'aide ?

Les larmes aux yeux le Mollah lui dit :

– Mère, toute ma vie j'ai cru que Jésus était un prophète, mais aujourd'hui je sais qu'il est Dieu parce que Dieu seul peut donner cette forme de joie que l'on a à servir le pauvre !

– Qu'il soit hindou, musulman ou chrétien, le malade reçoit le même amour des sœurs et Dieu le leur rend au centuple !

Odeur ou parfum ? Teresa sourit encore.

Cette odeur fait peur à tout le monde, alors qu'elle est un parfum ! Elle l'aime tant. Le jardin des baumiers.

Le jardin né de la sainte fontaine lorsque la Vierge et l'Enfant Jésus fuyaient en Égypte.

Marie et Joseph s'arrêtèrent pour y désaltérer le Fils. De l'eau jaillit au creux d'un rocher. Marie y lava les langes de son Fils. Elle les étendit dans le petit jardin formé à l'ombre du rocher. À l'emplacement des langes jaillirent des baumiers, l'arbre de tous les parfums. Le Jardin de Matarieh[1] que gardent encore jalousement les coptes. Les pèlerins de la basse vallée du Nil s'y désaltèrent et s'y parfument.

1. Lieu situé en Basse Égypte où la Sainte Famille s'arrêta.

L'arbre de la Vierge.

Teresa aime cette histoire. Son Dieu enfant a soif et l'eau que sa mère lui donne a fait naître un parfum.

De l'odeur au parfum.

De l'odeur de la mort au parfum de la vie. L'odeur pénètre à l'intérieur et notre être la transforme en parfum, inspir et expir.

Là, sur son lit en embaumant le souvenir de l'odeur de Kalighat, elle comprend qu'en désaltérant son Dieu, elle reçoit sa fragrance.

Je Suis la Soif !

Subtile et myrrhophore, elle porte l'onguent avec les mains des pauvres. Elle offre le parfum par l'odeur des plus petits, ceux qui foulent la terre les pieds nus.

Le parfum des dernières frontières, des fins dernières, l'odeur de Kalighat aux embrasures de la vie.

Marie-Madeleine.

L'odeur des pauvres est le parfum versé sur les pieds de son Christ.

Teresa sait qu'à la tombée du jour, quand les gémissements envahissent le mouroir, il y a comme une offrande, une oblation particulière, une effluence ruisselante.

À cet instant, elle est les cheveux de Marie-Madeleine essuyant les pieds du Christ. Le parfum extérieur qu'elle répand devient le parfum intérieur qu'elle reçoit de lui au matin doux de Pâques.

En parfumant le corps des plus pauvres, elle parfume le Corps de Dieu.

L'odeur de Kalighat l'apaise et l'environne. Elle se laisse envahir comme par la nuée du désert.

Ses autres sens sont endormis, elle ne goûte plus que la sapidité inouïe de l'aurore…

Que reste-t-il de tous les labyrinthes traversés, de toutes les brumes transpercées, de tous ces mots d'amour ? Un parfum subtil et discret, l'invisible corolle intérieure et unique d'une églantine ou d'un rosier ?

Et si Dieu n'était qu'un parfum, une subtile essence ?

L'être captif des ombres se perd dans les conditionnements de la terre, dans les chaînes mentales qui sans cesse emprisonnent. Le parfum l'illumine vers son ultime essor.

Teresa n'entend plus, Teresa ne voit plus.

Tapie derrière la paroi de son cœur, elle savoure les subtiles exhalaisons, elle caresse la senteur du baumier, du divin vétiver, du paradisiaque rosier. Elle hume l'arôme des célestes pistils.

Le cœur est l'unique vérité.

Teresa s'entend murmurer le poème des poèmes, le chant des chants : attirez-moi, nous courrons à l'odeur de vos parfums… Votre nom est une huile jaillissante… Un arôme.

Elle voudrait dire à ses sœurs que le parfum est lumière. Elle ne peut plus les nommer. Elle juge qu'il n'est pas nécessaire de les déranger pour ça.

Le soir descend lentement sur Calcutta. La lumière s'estompe, les couleurs se défont dans la nuit qui approche. Mais la clarté qui l'envahit est au-delà de la lumière ordinaire et de l'ombre.

Teresa se trouve au bord du passage, aux lisières du jardin des baumiers, aux clairières de l'ultime jardin, dans les arbres du paradis. Nacrée de caresses, de frôlements d'amour, des petits gestes posés sur les plaies des mendiants, des petits baisers donnés sur le front des lépreux, des guirlandes de mots doux, de paroles apaisées.

Son bruissement respire dans l'immuabilité «l'Atollite portas» du Jour des Rameaux qui fait s'ouvrir les portes de la cité divine, qui fait se lever les pierres les plus lourdes laissant entrevoir les trésors enfouis, qui fait se battre les vents…

Elle attend le franchissement. Levez-vous portes éternelles… La mélodie de William Byrd comme un répons *qui est iste rex gloriae* traverse sa mémoire, laissant un goût de miel, un chérissement oublié et lointain.

Il n'y a plus d'instant, il n'y a plus d'après, il n'y a plus d'avant, elle est dans son essence, accomplie, recouvrée dans la totalité de l'amour.

La nuit descend, l'aurore l'irradie d'une nouvelle terre, le chemin a éclos, la quête est aboutie. La clarté peu à peu efface la ténèbre. Au parfum de Son Nom, elle s'est précipitée.

Elle a tant espéré, dans l'ultime de la patience, que l'attente a sculpté son être à demi-mot, comme un silence clair, comme une belle évidence. Au fond de son désir, elle touche le Désir, elle rejoint chaque être, chaque enfant de la nuit.

Elle est «Je Suis la Soif!», elle est Lui. Elle est le Nom divin de la Croix, elle réalise le seul mot d'amour qu'elle n'ait jamais prononcé: «Je Suis la Soif!»

Elle contemple ses sœurs qui pleurent et qui se pressent. Elle touche leur cœur en dedans, sans agir, dans le centre immobile de l'Être au milieu des univers où elle fait tourner le soleil et les étoiles.

Elle contemple les pauvres qui crient, orphelins, elle les console, invisible au plus profond d'eux-mêmes. Ils sentent comme une goutte de soleil.

Son image envahit la terre tout entière, mais en silence, elle répète à l'infini ce qu'elle a toujours dit. «Je Suis la Soif!»

Dans l'Ultime Clarté, par un parfum subtil, vers la fin de l'été, elle s'est unie à Celui qui sur la Croix, toute sa vie durant, elle a désaltéré en se désaltérant.

Le Gange coule immobile, comme un miroir, l'eau du cœur de Teresa de Calcutta. Il se couvre de fleurs et d'un parfum nouveau. Son flot emportant tout, ridé comme un jour de souffrance, charriant des chuchotements, rappelle à qui l'entend que seul demeure ce qui est! Le clapotis de ses vagues profondes murmure l'indicible.

«Je Suis la Soif!»

Brève chronologie

1910 Naissance d'Agnès Gonxha Bojaxhiu, à Skopje en Albanie (actuellement Macédoine).

1928 Elle décide de devenir religieuse et part pour Dublin en Irlande rejoindre la congrégation des Sœurs de Lorette, fondée par Mary Ward.

1928-1929 Elle quitte l'Irlande pour l'Inde, afin de rejoindre le couvent des Sœurs de Lorette à Darjeeling. Puis elle assume le poste de professeur de géographie au collège pour jeunes filles St Mary, à Calcutta.

1931 Le 24 mai, elle prend le nom de « Teresa » en l'honneur de Thérèse d'Avila.

1946 Appel intérieur de Darjeeling : elle quitte son poste de professeur au collège St Mary pour rejoindre les plus pauvres des pauvres dans les bustees (bidonvilles) de Calcutta.

1947 Indépendance et partition de l'Inde.

1948 Ex-claustration (mise en congé) à sa demande de la congrégation des Sœurs de Lorette. Elle devient citoyenne indienne.
Elle fonde virtuellement la congrégation des Missionnaires de la Charité, à Calcutta.
Elle choisit l'habit de l'ordre : un simple sari blanc aux bords bleus avec la croix du chapelet épinglée sur l'épaule gauche.
Premier lieu d'hébergement au 14 Creek Lane, à Calcutta.
Assassinat de Gandhi.

1949 Teresa est rejointe par sa première novice.

1950 Approbation par l'archevêché de la congrégation des Missionnaires de la Charité.

1952 Les prêtres hindous de Calcutta lui concèdent l'hôtellerie abandonnée du temple de la déesse Kali. Elle y fonde la Maison des mourants du Kalighat, où elle et ses sœurs recueillent les mourants des rues.

1955 Mère Teresa fonde une colonie de lépreux appelée Shanti Nagar (le village de la paix).

1962 Le gouvernement indien lui remet le Padmashree (Lotus Magnifique).

1965 Le pape Paul VI place les missionnaires de la Charité directement sous son autorité et permet à Mère Teresa d'étendre son action en dehors de l'Inde. C'est à cette période qu'elle donne son accord pour la fondation des Frères de la Charité.

1968 Ouverture d'un centre des missionnaires de la Charité à Rome.

1971 Le pape Paul VI lui remet le prix Jean-XXIII pour la paix.

1972 Mère Teresa reçoit le prix Jawaharlal-Nehru par le gouvernement indien.

1979 Elle reçoit le prix Nobel de la paix.

1984 À la mort d'Indira Gandhi, l'ambassadeur de l'Inde au Vatican la déclare « Mère de l'Inde ».

1990 Les Missionnaires de la Charité comptent plus de 3 000 religieuses dans 25 pays.

1997 Le 5 septembre, décès de Mère Teresa.

2003 Béatification de Mère Teresa par Jean-Paul II.

Impression réalisée sur CAMERON
par BRODARD ET TAUPIN
La Flèche
pour le compte des Éditions du Rocher
en février 2006

Dépôt légal : février 2006
N° d'impression : 33879

Imprimé en France